श्री श्रीगणेश महिमा

[उपन्यास]

श्री श्रीगणेश महिमा

महाश्वेता देवी

हिन्दी अनुवाद
रीना दास

राधाकृष्ण प्रकाशन

ISBN : 978-81-7119-533-6

श्री श्रीगणेश महिमा

पहला संस्करण : 1983
चौथा संस्करण : 2023

मूल्य : ₹595

प्रकाशक
राधाकृष्ण प्रकाशन प्राइवेट लिमिटेड
जी-17, जगतपुरी, दिल्ली-110 051
शाखाएँ : अशोक राजपथ, साइंस कॉलेज के सामने, पटना-800 006
पहली मंजिल, दरबारी बिल्डिंग, महात्मा गांधी मार्ग, प्रयागराज-211 001
1, अनमोल सोराबजी संतुक लेन, धोबी तलाव, मरीन लाइंस, मुम्बई-400 002
वेबसाइट : www.radhakrishnaprakashan.com
ई-मेल : info@radhakrishnaprakashan.com

मुद्रक
बी.के. ऑफसेट
नवीन शाहदरा, दिल्ली-110 032

SHRI SHRIGANESH MAHIMA
Novel by Mahashweta Devi
Translated by Reena Das

सोमा और अशोक
शारी और अमर
दीदी

एक

आज से चालीस वर्ष पहले मुँह में एक दाँत लिये त्रितीर्थ नारायण ने जन्म लिया था। बेशक, यह एक असाधारण घटना थ्री, पर इसका परिणाम अच्छा नहीं हुआ। वह बरसात की एक शाम थी और आसमान काले बादलों से भरा था। लगभग अँधेरे कमरे में प्रसूता ने अपनी क्षीण आवाज़ में जानना चाहा था कि उसे लड़का पैदा हुआ है या लड़की?

उसकी यह उत्सुकता बड़ी स्वाभाविक थी। पति मेदिनी नारायण ज़री के फूलों से सुशोभित नागरा पहनकर आँगन में बेचैनी के साथ टहल रहे थे। जूते से चर्र-चर्र की आवाज़ आ रही थी। "अगर फिर लड़की जनी तो भगा दूँगा।" वह अत्यन्त भयभीत थी। भगा देने पर कहाँ जाएगी? वह फ़र्श पर चटाई के ऊपर एक गुदड़ी बिछाकर लेटी थी। दोनों सौतें गिद्ध की तरह दरवाज़े पर बैठी थीं। वे भी बेटियों की माँ थीं, सोच रही थीं कि अगर छोटी को लड़का पैदा हो गया तो उनकी हालत और भी संगीन हो जाएगी। प्रसूता अपने को काफ़ी बेसहारा महसूस कर रही थी।

"लड़का या लड़की?" दाई से उसने उत्कंठापूर्वक पूछा।

"लड़का।"

"देखूँ," काफ़ी कष्ट से प्रसूता ने करवट बदली।

रोते बच्चे के खुले मुँह में एक नुकीला दाँत देखकर प्रसूता के गले से आतंक-भरा स्वर फूटा और वह बेहोश हो गई। फिर उसे होश नहीं आया। अगर जीवित रहती तो लड़के में और भी असाधारण बातें देख सकती थी। गाल और कान के बीच मस्सों का गुच्छा, पैर का अँगूठा बेहद लम्बा। फिर भी बच्चा हृष्ट-पुष्ट था।

जब माँ बेहोश हुई तब आसमान में बड़ी तेज़ बिजली चमकी थी तथा गाज भी गिरी थी। फलस्वरूप एक क्षण में ख़बर फैल गई है कि सती की देह-ज्योति

बिजली की चमक में विलीन हो गई। बेटा ही पैदा हो, इसके लिए इतना जप-तप किया, तीन तीर्थों का पानी पिया और इसके बाद एक असाधारण पुत्र को जन्म देकर माँ स्वर्ग सिधार गई। बाढ़ा-नवागढ़ में ऐसी कहानियाँ बहुत जल्द फैल जाती हैं। सुबह आँगन में भीड़ उमड़ पड़ी। मेदिनी नारायण सिर मुँड़ाकर शव के साथ गए।

दाह-संस्कार के बाद मेदिनी नारायण ने दाई को बुलवाया। दाई का काम करती है गुलाल। नाम काफ़ी रंगीन होने के बावजूद वह एक हद तक पुरुषों जैसे स्वभाव वाली कर्मठ महिला है। एक के बाद एक मेदिनी नारायण की शादियों की विफलता पर उसके दिल में मेदिनी के लिए सहानुभूति भी है और इसी कारण उसने मेदिनी नारायण के लिए गदराए बदन वाली अपनी समर्थ नतिनी का जुगाड़ किया था।

मेदिनी ने उससे कहा, “लड़के को पालना होगा। बड़की और मझली पर मुझे भरोसा नहीं है।”

“नहीं, नहीं, वे उसे मार डालेंगी।”

“छोटकी में ताकत नहीं थी।”

“कहाँ ताकत! तीन हमल में ही खलास।”

“लछिमा को ले आ। तू भी आ जा। यहीं रह और लड़के को पाल-पोसकर बड़ा कर दे।”

“आदमी तरह-तरह की बातें करेंगे।”

मेदिनी आनन्दित नहीं हो पाता है; बस, हँसता है।

“आदमी! आदमी तो मैं हूँ, ये सब जानवर हैं। थू! इन्होंने ही अफवाह फैलाई थी कि मेरे ऊपर महावीर जी का शाप है। लड़का नहीं होगा। मेरा वंश नहीं चलेगा। किसलिए कहा था? बिसुन अहीर के साथ झगड़ा-फसाद हुआ था, इसीलिए न? कितना हरामीपन किया था उसने।”

“यह सब मैं नहीं जानती क्या?”

“उसमें तू भी तो शामिल थी। बाढ़ा गाँव में कोई भी हरामीपन ऐसा नहीं, जिसमें तू शामिल न हो।”

“तो क्या जात-बिरादरी के खिलाफ जाती?”

“लेकिन तब भी लछिमा मेरी रखैल थी। मैंने उसे हँसुली, बाजूबन्द, झुमका बनवाकर दिया था।”

"चाँदी का।"

"तुझ जैसों के लिए यही काफ़ी है।"

"अब काम की बात करो, मालिक!"

"तुम लोगों को तीन बीघा जमीन दूँगा और दस रुपया महीना। जाते समय गाय भी दूँगा।" यह बात मेदिनी ने लम्बी साँस भरते हुए कही, क्योंकि ज़मीन और गाय में मेदिनी के प्राण बसते थे।

गुलाल अच्छी तरह समझ रही थी कि मेदिनी इस समय काफ़ी मुसीबत में है, नहीं तो इतना सब देने का वायदा वह नहीं करता। कुछ क्षण आँखें मूँदे वह चुपचाप बैठी रही, फिर बोली, "काम की बात पहले कर लें—अभी लड़का मेरे पास ही रहे, जब तक अशौच रहे। बकरी का दूध पिला रही हूँ, पिलाती रहूँगी। इसके बाद नामकरण और पूजा करा लो। कुछेक दिन में सभी बवाल कट जाएँगे, फिर लछिमा आ जाएगी।"

लड़का गुलाल की गोद में ही था। उसने कहा, "तखत दो। जमीन में सोने से लड़के को सर्दी लग जाएगी। और सवा रुपया भी देना। सरसतिया का पता लगाओ, काम है?"

"क्यों? क्या काम है?"

"पूजा करानी होगी।"

"किसलिए?"

"माँ लड़के के आसपास चक्कर लगा रही है। उसकी नजर से इसे बचाना है।"

"अच्छा।"

"और मालिक, छोटी बहू की लड़कियों को कोई तकलीफ न हो, नहीं तो माँ की आत्मा दुखी होगी। सभी को छोटी उमर में छोड़कर चली गई।" गुलाल ने उसाँस भरी। लड़के का दाँत देखकर डर गई।

"ऐसा?"

"हाँ, मालिक, तुम गया जी में जब तक करमकाज नहीं करा देते, तब तक उसे शान्ति नहीं मिलेगी और वह किसी को चैन से नहीं रहने देगी। देखो, क्या होता है!"

"तू पूजा करा दे।"

"सरसतिया करेगी।"

लड़के के मुँह में दाँत देखकर डर गई छोटकी!

मेदिनी नारायण के मन में लगातार एक अशुभ चिन्ता घुमड़ती रहती है—क्या यह लड़का मनहूस, अभागी जन्मा है?

गुलाल उसके मन की बात समझती है। बोली, "तुम्हीं अब इसके माँ-बाप हो, मालिक! शेर-दिल मरद हो। डरने से काम कैसे चलेगा? तखत, आग, तसला—सब भेज दो। एक तो बिन माँ का बच्चा, ऊपर से बरसात का मौसम। सेंक-ताप कर इसको बचाना होगा।"

मेदिनी नारायण ज़रूरी बन्दोबस्त करने के लिए चले जाते हैं। जाते-जाते बड़ी और मझली से कहते जाते हैं, "लड़के के कमरे में अगर तुम लोगों की परछाईं भी पड़ गई तो काटकर फेंक दूँगा। सरजू और सीता को कोई तकलीफ नहीं होनी चाहिए। अगर कुछ हुआ तो तुम्हारी खैर नहीं।"

दोनों तरह के अशौच कट जाते हैं—जन्म-अशौच और माँ के कारण मृत्यु-अशौच। इससे पहले ही सरसतिया काले कुत्ते की पूँछ के बाल, श्मशान की मिट्टी, तिमुहानी के बेल के पेड़ की छाल आदि ज़रूरी सामान जुटाकर माँ की कोप-दृष्टि से छुटकारा दिलाने के लिए गुप्त पूजा करती है।

ये सब हो जाने के बाद पुरोहित जी आए। उन्होंने कल्याण-होम आदि किया। हवन की भस्म को मकान के चारों कोनों में गाड़ दिया और फिर वे मेदिनी नारायण की ओर मुड़े, "मेदिनी नारायण, तुम बहुत भाग्यशाली हो। इस लड़के को तुम्हारे घर में जन्म नहीं लेना था। इसे तो किसी राजा के घर में पैदा होकर सोने की कटोरी में मट्ठा-मक्खन खाना-पीना था। तभी ठीक होता।"

"हम खिलाएँगे।"

"जन्म से पहले की सारी पूजा भी मैंने ही की थी। इसका नाम त्रितीर्थ नारायण रखना ही होगा, नहीं तो माँ ने जो तीनों तीर्थों का पानी पिया, वह बेकार जाएगा। किन्तु कौन जन्मा है, जानते हो क्या?"

"कौन जन्मा है, देवता?"

पंडित जी जानते हैं कि कुछ समय तक के लिए मंच पर उन्हीं का अधिकार है। एकत्रित पड़ोसियों की ओर देखकर वे बोले, "मेदिनी सिंह का घर अब परमतीर्थ हो गया। यहीं गया, यहीं वाराणसी। किसने जन्म लिया है, आप लोग नहीं जान सके।

इससे मेरे मन को बहुत चोट पहुँची है। धरम तो कलजुग में रहा ही नहीं। गाँव के लोगों तक में गियान की कमी देखकर मन को और ज्यादा ठेस लगती है। सज्जन हैं आप लोग, अब सोच देखें।"

"का सोचें, देवता?"

"देवी पार्वती ने कौन-से देवता का सृजन अपने अंगों से किया और कौन लड़ा था शिव और विष्णु के साथ? वेदव्यास बनकर महाभारत किसने लिखा था? किसकी पूजा सबसे पहले की जाती है? किसने केवल मात्र अपने माता-पिता का चक्कर काटकर प्रमाणित किया था कि माता-पिता ही विश्व और ब्रह्मांड हैं? वे कौन-से देवता हैं?"

"हाय राम! गणेश जी महाराज!"

"मेदिनी सिंह, गणेश महाराज की भी इच्छा होती है कि धरती पर जन्म लें और मनुष्यों को अज्ञान से उबारें। इस लड़के में भी गणेश जी का अंश है, नहीं तो एक दाँत वाला शिशु कहीं होता है?"

इस तरह पंडित जी अपने वाक्चातुर्य से सभी को आश्चर्यचकित करते हैं।

"यह बालक बनेगा अक्षय कीर्तिवान। देवता और बाम्हनों का मान बढ़ाएगा, कुल का नाम रोशन करेगा। कान के ऊपर मांस, लम्बा अँगूठा—सभी देवता के लक्षण हैं। इस लड़के की जो सेवा करेगा, उसका भला होगा। उसके लिए जो बुराई सोचेगा, उसका बुरा होगा।"

मेदनी कह बैठता है, "बड़की और मझली ने लड़के को कुछ किया तो उन्हें काटकर फेंक दूँगा।"

इस तरह त्रितीर्थ नारायण का चालू नाम गणेश बन जाता है और गाँव के सभी लोग भर-पेट दही-चिउड़ा, गुड़, केला-पेड़ा खाकर ख़ुश हो जाते हैं। अब गणेश के नाम पर सभी अस्वाभाविक हरकतों को समाज की तरफ़ से स्वीकृति मिल जाती है। इसीलिए गुलाल नाइन और उसकी नतिनी लछिमा देवता की सेविकाओं की हैसियत से मकान के एक अच्छे कमरे में ठौर पाती हैं। बड़की और मझली बहुएँ घर-गृहस्थी का अपना हक़ खो बैठती हैं। खाने-पीने की तकलीफ़ नहीं देता है मेदिनी, लेकिन पत्नियों को सहवास का सुख नहीं देता। कहता है कि 'रखा क्या है तुम लोगों में? खा-पहनकर भी चेहरा देखो! लछिमा को देखा है? हाँ, उसे कहा जाता है औरत।'

पाँचों लड़कियों को देखते ही मेदिनी का पारा चढ़ जाता है। वे भी उनके सामने नहीं फटकतीं। मेदिनी सिंह लड़के को लछिमा और गुलाल के ज़िम्मे छोड़कर अपने काम पर जाता है।

नवागढ़ के ज़मींदार का अंगरक्षक है वह। आजकल के मस्तान लीडरों को जो सर्विस देते हैं, वैसी ही मेदिनी सिंह ज़मींदार को देता था। ज़मींदारी को बनाए रखने के लिए, बन्दूक़ चलाकर औरों का विनाश करने में वह बड़ा ही तत्पर था! ज़मींदारी में लड़ाई-दंगा तो लगा ही रहता था। इनाम-स्वरूप उसे तीस बीघा उपजाऊ ज़मीन मिली। फ़ौजदारी के एक लम्बे मुक़दमे का फैसला हो जाने पर बाढ़ा गाँव में नई प्रजा लाकर वही बसाता है। वहाँ भी उसे दस बीघा ज़मीन और मिलती है। मेदिनी सिंह शुरू में नवागढ़ के सिपाहियों को, बाद में बाढ़ा और दूसरी जगह के लोगों को ब्याज पर रुपये उधार दे-देकर एक छोटी-मोटी महाजनी ज़मींदारी स्वयं चलाता है।

प्रभावशाली, सम्पन्न व्यक्ति है मेदिनी सिंह। कच्चा दूध लोटा-भर पी जाता है। पूरी खस्सी (बकरी) का गोश्त खाकर दस मील तक दौड़ता है। लेकिन ख़ुदा जिसको देता है, कभी-कभी छप्पर फाड़कर नहीं भी देता है। मेदिनी सिंह के भाग में बेटे वाली बीवी नहीं थी। अपने देस-गाँव की रीत से उसकी दो शादियाँ हुईं। दोनों ही बेटियाँ पैदा करने वाली निकलीं। छोटकी के हाथ में पुत्र की रेखा होने के कारण ब्याह कर लाया। फिर भी एक अच्छा काम कर गई। दो लड़कियों को जनने के बाद, मेदिनी के दिल को चोट पहुँचाकर गणेश-जननी बनकर वह स्वर्ग सिधार गई।

नवागढ़ के सभी लोग मेदिनी के पुत्र वाली बात जान गए। ज़मींदार को कुछ दिन हुए, 'राजा' का ख़िताब मिला है। उसने कहा, "क्यों मेदिनी, एक बार अपने लड़के को नहीं दिखाओगे? ले आओ उसे एक बार।"

"ले आऊँगा हुजूर, पर पाँच साल से पहले नहीं ला सकता, पंडित जी ने मना किया है।"

"वह तो बहुत ही सौभाग्य की बात है कि तुम्हारे घर पर देवता की कृपा हुई है।"

कुछ भी हो, आख़िर मेदिनी सिंह है तो नौकर, उनका हेड-सिपाही। इसलिए राजा जी को उस पर देवता की कृपा-दृष्टि कुछ नहीं लगी। ख़बर पाते ही उनके सारे सिपाही गए थे और रुपया चढ़ाकर उन्होंने लड़के के दर्शन किये थे।

रानी साहिबा ने भी उसी पंडित को बुलवाया था। कहा था, "देवता, आप ही के जागजग के कारण, उसके घर गणेश जी की कृपा हुई? तो महाराज, मेरे ऊपर भी कृपा करवा दीजिए।"

पंडित जी ज्ञान के भक्त हैं, अज्ञान के नहीं। उन्होंने रानी माँ को सारी बातें समझा दीं, युक्ति से, "सन्तानहीन या बेटी पैदा करने वाली औरतें लड़के की आशा में हमेशा भगवान की चौखट पकड़ती हैं। देवता की कृपा होगी, देवता जन्म लेंगे, ऐसा होता है हज़ारों बरसों में एक बार। देवता का मन होगा, तभी तो?

"गणेश के अंश ने मेदिनी के घर जन्म लिया, अच्छी बात है। लेकिन फिर से पूजा-जाग करके गणेश जी को सिर्फ़ सूँड़ तथा चौड़े-चौड़े दोनों कान पृथ्वी पर भेजने के लिए कहना ठीक नहीं होगा। गणेश क्रोधी देवता हैं। रानी माँ अगर चाहें तो वे जागजग कर सकती हैं। लेकिन 'देवता चाहिए' जैसी नाजायज़ माँग मन में रखकर पूजा-पाठ करना अच्छी बात नहीं। देवता लोग मतलबी व्यक्ति पसन्द नहीं करते। और फिर रानी माँ क्या पुत्रहीन हैं?"

"नहीं देवता, दो लड़के हैं।"

पंडित जी व्यथित-से दिखते हैं। कहते हैं, "माँ, उसी की मनोकामना पूर्ण होती है जो बेटे की माँ नहीं है। देवता के अंश वाले लड़के की चाह लेकर अगर पुत्रवती नारी व्रत करती है तो उसे पुत्र-वियोग होता है। महाभारत में कुंती और कर्ण की बात को जरा याद करें।"

इस प्रसंग का अन्त यहीं होता है। फिर भी रानी माँ का कौतूहल कम नहीं होता। आख़िर में बाढ़ा गाँव के पास के शिव-मन्दिर के कुंड में शिवरात्रि के अवसर पर जब वे नहाने गईं तो पालकी का रास्ता बदलकर मेदिनी के लड़के को भी देख आईं। आज तक बाढ़ा गाँव में ऐसी उत्तेजक घटना कभी घटित नहीं हुई थी। मेदिनी का आँगन लोगों से भर जाता है। रानी देखना चाहते हैं सभी, लेकिन रानी साहिबा को देखकर सभी का उत्साह ठंडा पड़ जाता है। जितनी काली, उतनी ही मोटी। तम्बाकू खाने से होंठ भी एकदम काले। बदन पर लगभग आठ-दस सेर सोने के गहने। रानी माँ उदासीन चेहरा लिये उतरकर एक चौकी पर बैठती हैं। लड़के को प्रणाम कर गोदी में लेती हैं और उसके हाथ में एक सोने की अशर्फी देकर वापस पालकी में जा बैठती हैं।

बाद में अपनी नौकरानी से पूछती हैं, "लड़के की माँ तो जीवित नहीं है, किसकी गोद में था? कौन है वह लड़की?"

"मेदिनी की रखैल।"

"लड़का काफ़ी स्वस्थ है।"

"क्यों न होगा हजूराइन, देवांशी लड़का है।"

नौकरानी चुप हो जाती है। नौकरानी तथा और लोग भी जानते हैं कि रानी माँ जादू-टोना करती हैं। बाद में नौकरानी मेदिनी सिंह को भी सावधान कर देती है। कहती है, "मोहर को अलग रखना। छप्परगढ़ की लड़की हैं हजूराइन। वहाँ जादू-टोना काफी चलता है।"

इस चिन्ता के कारण मेदिनी सिंह समय से पहले ही अपने घर वापस आ जाता है। लड़के की उम्र दो साल होगी, उसकी अपनी लगभग पचास है।

लड़के को स्वस्थ और तगड़ा बनाना है। फिर शादी। और उसके बाद लड़के के घर में लड़का होगा। वंश में दीपक जलता रहेगा। कुछ कम नहीं छोड़ जाएगा वह लड़के के लिए। लछिमा और गुलाल की ज़रूरत उसे उतने ही दिन तक है, जब तक लड़का बड़ा नहीं हो जाता। लड़के की सेहत देखकर वह समझ लेता है कि लड़के की देखभाल अच्छी तरह से हो रही है। जिस कारण वह सबसे ज़्यादा ख़ुश होता है, वह यह है कि लछिमा लड़के के प्रति नौकरानी की हैसियत से ही बरताव करती है।

एक दिन अचानक वापस लौटने पर मेदिनी सिंह दरवाज़ा बन्द पाता है। खटखटाने पर गुलाल दरवाज़ा खोलती है और उसका चेहरा देखते ही मेदिनी समझ जाता है कि कुछ गड़बड़ है। लछिमा की गोद में सोया है लड़का।

"क्या बात है?"

बिना कुछ बोले गुलाल मिट्टी-भरे एक तसले की तरफ़ इशारा करती है। आलता (महावर) में डुबोया एक आटे का गुड्डा तथा उस पर एक लाल धागा।

"यह क्या है?"

गुलाल कहती है, "बड़की और मझली की करतूत है।"

"क्या कर रही थीं?"

"देख नहीं रहे हो, जाने कब लड़के के कपड़े में का धागा निकाल लिया? मारने के लिए टोना कर रही थीं। न, छूना मत मालिक! मैंने उस पर पिशाब कर

दिया। सारा असर ही खत्म हो गया है। मैंने उन्हें पूजा भी नहीं करने दी। उठा लाई। मालिक, तुम घर हरदम रहते नहीं हो, हमारे लिए तो बड़ी मुसीबत हो गई है।"

मेदिनी ग़ुस्से से आगबबूला हो उठता है। वह बेसहारा है, सहारा चाहता है—इस जनम में ही नहीं, अगले जनम में भी। ज़मीन एक सहारा है। जिसके पास ज़मीन है, उसके पास बहुत-कुछ है। लेकिन जिसके पास पुत्र है, उसके पास सब-कुछ है। इतनी आशा-आकांक्षा, अर्चना-पूजा, हवन-यज्ञ का फल यह लड़का है। उसे मारने के लिए जादू-टोना? पीतल की मूँठ वाली लाठी लेकर दौड़ पड़ता है और पागल भैंसे की तरह धक्का मारकर दरवाज़ा तोड़ देता है।

औरतों की 'मार डाला' की चीख़ें सुनकर लोग इकट्ठे हो जाते हैं। मेदिनी तसला दिखाकर कहता है, "डायन हैं, डायन! लड़के को मारने के लिए टोना किया था।"

गाँव की जनता घटना की गम्भीरता समझती है। वे एक-दूसरे के चेहरे देखने लगते हैं। आख़िर में इस गाँव के राजपूत तबक़े का प्रधान बरकंदाज़ सिंह बोल उठता है, "अभी छोड़ दो भैया, तुम्हारे लड़के के लिए बुरा सोचना भी महापाप है। भगवान खुद उनको सजा देंगे। ठंडे दिमाग से इसका फैसला करो।"

मेदिनी सिंह कहता है, "इसी डर से इनको मैंने अपना लड़का नहीं सौंपा। इनको क्या नहीं दिया? रोटी, कपड़ा-लत्ता, गहना—किसी भी चीज की कमी हो तो पूछो? एक सौ एक रुपया नगद भी देता हूँ। गाँव में अगर सूद का धन्धा चलाना चाहती हों तो वह भी चला सकती हैं।"

"आज शान्त हो जाओ, भैया! कल कुछ बन्दोबस्त कर लेना।"

जनता का झुंड धीरे-धीरे इधर-उधर बिखर जाता है।

मेदिनी सिंह अपने कमरे में चला आता है। गम्भीर होकर बैठ जाता है। फिर ख़ुद से ही बातें करने लगता है, "जिन्दगी-भर जिसकी चाहत थी, वह मैंने अब पाई है? अब मैं किसी को अपने गरम दूध में गाय का पिशाब नहीं मिलाने दूँगा। अब कोई मेरे घी में जहर नहीं मिला सकता।"

लछिमा मौक़ा देखकर कह उठती है, मैं इसे अपनी जान से भी ज़्यादा प्यार से रखती हूँ। नानी की गोद में डालकर नहाने जाती हूँ।

"जानता हूँ, मैं सब समझता हूँ।"

"चाँद देखना चाहता है, लेकिन मैं बाहर नहीं लाती, रात की हवा लग जाने के डर से। कितनी निर्दयी हैं वे...माँ की ममता नहीं है!"

मेदिनी इस बारे में सोचता है और फिर अगले दिन दो किसानों को साथ में भेजकर अपनी दोनों बीवियों को उनके गाँव भिजवा देता है। सरयू और सीता यहीं रह जाती हैं। हाथ के हाथ फल मिलता है। बड़की का बड़ा भाई और मझली का चाचा आ पहुँचते हैं। दोनों के सिरों पर पगड़ी, कानों में पीतल की बालियाँ, पैर में तिल्लेदार नागरा और हाथ में पीतल की मूँठ वाली छड़ी है। दोनों ही बड़े ध्यान से मेदिनी की बातों को सुनते हैं। उसकी सभी शिकायतों को सही मानते हैं। वे ख़ुद भी आख़िर मर्द हैं। मेदिनी सिंह ने जो कुछ भी किया, वे उसे न्यायसंगत मानते हैं।

बड़की का भाई बोला, "मेदिनी सिंह, तुम हमारे समाज के न्यायप्रिय आदमी हो। तुम ही कहो, मेरी बहन की ओर से इस तरह हाथ धो लेना क्या ठीक होगा? तुम जो भी कहोगे, मैं मानने को तैयार हूँ।"

मेदिनी सिंह गहरी साँस छोड़ते हुए बोला, "भैया, अपनी बहन के तन पर गहने देखे हैं? सूद के धन्धे के लिए कितना पैसा दिया है उसे! क्या-क्या वे अपने साथ ले गई हैं—मैंने उन्हें कुछ भी ले जाने से नहीं रोका। मेरा फैसला सही है या नहीं, अब तुम्हीं बताओ? आप लोग ही समझाओ कि आपकी बहन और आपकी भतीजी ने मेरे साथ क्या सलूक किया है?"

"भारी गलती की उन्होंने।"

"ऐसों को लेके घर करूँ? क्या तुम लोग ऐसा कर सकते थे?"

मामला काफ़ी नाज़ुक है। ऐसी घटना से काफ़ी कम गुरुतापूर्ण घटनाओं को लेकर विवाद और विरोध पीढ़ी-दर-पीढ़ी चलता रहता है। कोर्ट-कचहरी के चक्कर लगाने पड़ते हैं। कभी-कभी तो ख़ूनी इतिहास रचा जाता है।

मझली के चाचा ठंडे दिमाग़ के बुज़ुर्ग आदमी हैं। कहते हैं, "हम तीनों ही मर्द आदमी हैं। दुनिया के हालचाल समझते हैं। एक-न-एक फैसला तो करना ही होगा।"

"मुझे माफ करें, चाचा! उन्हें साथ रखने से मेरा कुल नहीं बच पाएगा। देवांशी लड़का है मेरा। ऐसे लड़के को मारने पर उतारू हैं वे। नहीं, कतई नहीं। मैं अगर बुरा आदमी होता तो उन्हें गहने-रुपये छीनकर भेजता। क्या इज्जत के साथ खर्चा देकर अपने आदमियों के साथ गाड़ी में भेजता?"

चाचा ने कहा, "मेदिनी, मेरी और रूपलाल, दोनों की हालत ऐसी है कि उन्हें रखने में कोई दिक्कत नहीं। भगवान की दया से जमीन है ढोरडंगर हैं। लेकिन बड़े शरम की बात हो गई!"

"लेकिन यह लज्जाजनक स्थिति किसने पैदा की है, बताओ?"

"यह भी सच है।"

"वे अगर वैसी होतीं तो क्या गुलाल को लड़का सौंपना पड़ता? कहीं ऐसा होता है क्या? मेरे पिता की भी दो शादियाँ थीं। मैं छोटी माँ का लड़का हूँ। लेकिन क्या आप जानते हैं कि जवान होने तक मुझे पता नहीं चला था कि मेरी अपनी माँ कौन है। मेरा ही दुर्भाग्य है!"

"ठीक है, उनको नहीं रखना तो मत रखो। अपनी छोटी लड़की से लगन करवा दूँ? बड़ी शान्त और सुशील लड़की है। अपनी ही जाति के हाथों लड़का पले तो ठीक है।"

मेदिनी दुख-भरी हँसी हँसता है, "नहीं चाचाजी, भगवान ने मेरे भाग्य में पत्नी-सुख लिखा ही नहीं है। नफरत हो गई है मुझे। बड़ा घर देखकर पिताजी बड़की और मझली को लाए थे और यह भी सच है कि आज तक मुझे इन दोनों ने कोई तकलीफ नहीं दी। छोटकी तो नौकरानी की तरह रहती थी। सारा घर इन्हीं के हाथों में था, मैं तो नवागढ़ में रहता था। मेरा ही नसीब खराब है। अच्छी बीवियाँ भी बिगड़ गईं।"

दोनों आदमी बुरी तरह फँस गए थे। मेदिनी की बातों से दुख तथा निराशा झलक रही थी। इन बातों को लेकर कोई झगड़ा-फ़िसाद नहीं किया जा सकता था। वैसे भी इन बातों में सच्चाई भी थी। बड़की और मझली ने घोर अन्याय किया है, इसमें कोई सन्देह नहीं। और कोई मामला होता तो वे लड़की वाले होने के नाते माफ़ी माँग लेते और वापस बुलाने के लिए कहते। लेकिन इकलौते लड़के की हत्या करने जा रही थीं वे दोनों। टोना-टोटका करना तो हत्या के बराबर ही है। अब किस मुँह से कहें यह सब?

मेदिनी सिंह ने कहा, "मुझे आप लोग माफ कर दें। लड़कियों का रिश्ता पक्का होने पर खबर करिएगा। सारा खर्चा मैं करूँगा और दोनों को दस-दस बीघा जमीन भी दूँगा। जिन्दगी कट जाएगी।"

"तुम्हारी उम्र के आदमी फिर से शादी कर सकते हैं।"

"भैया, मेरा नसीब ही खराब है। नहीं तो लड़का जन के माँ मरती हैं कहीं? लड़का जन के वह अगर जिन्दा रही होती तो यह झमेला क्यों होता? तुम लोगों को भी भागकर आना पड़ा..."

मेदिनी बातें बनाने में उस्ताद था। उसकी सूझबूझ से दोनों ही अत्यन्त प्रभावित थे। नौकर दूध और मिठाई ले आया था। न खाने का कोई कारण नहीं दिख रहा था उन्हें।

लड़की के भाई ने कहा, "क्या जमाना आ गया है! अरे भई, लड़कियों की माँ हो तुम...फिर भी किसी तरह की तकलीफ में नहीं रखा। गहना, कपड़ा, बरतन, रुपया...और खाना-पीना तो मैंने अपनी आँखों से देखा है। आपने भी देखा ही होगा। नहीं, इस मामले में मेदिनी की कोई गलती नहीं है।"

उसके बाद दोनों ही राम-राम कर विदा लेते हैं।

मेदिनी कहता है, "लड़कियों के लिए वर खोजिए। छोटकी की लड़कियों की शादी करूँगा। इसके बाद लड़के को बड़ा करने पर मेरा काम खत्म।"

दोनों ही लोग चाँदी का सिक्का देकर लड़के का मुँह देखते हैं और मेदिनी से कहते हैं कि कोई काम पड़े तो हमें याद करना, वर्ना हम सोचेंगे कि हमसे भी आप नाराज़ हैं।

"आप मेरे चाचा लगते हैं और ये बड़े भाई, किससे नाराज होऊँगा? यह नाराज होना तो अपने दोनों हाथों पर नाराज होना हुआ। ऐसा काम कौन मूर्ख करता है?" यह कहकर मेदिनी ने दोनों का ही मन मोह लिया।

दोनों ने शपथ ली कि जीते जी वे इस महान वाक्य की मर्यादा को बनाए रखेंगे। और अगर नहीं रख पाए तो वे चन्देला और गहलोत राजपूत नहीं।

लड़कियों की शादी के लिए मेदिनी सिंह ने उनसे ज़ोर देकर कहा कि भगवान ने अगर चाहा तो वह पाँचों लड़कियों की शादी एक साथ करेगा।

इसके बाद मेदिनी नवागढ़ वापस जाता है। राजा को अपनी दुख भरी कहानी विस्तार से सुनाता है, कहता है, "तीस साल तक आपकी सेवा की, हुजूर! अब मुझे छुट्टी दीजिए। नहीं तो मेरा लड़का बेबात मर जाएगा। हुजूर, लड़का जिन्दा रहेगा तो सब-कुछ रहेगा। इस पार की लाठी, उस पार की नाव। मुझे छुट्टी दे दें, मालिक!"

राजा उसकी यह बात सुनकर अभिभूत हो उठे। अभी कितने सारे कुकर्म कराने बाक़ी हैं। हाथियों से कितने ही प्रजा का घर तुड़वाना है। हाकिम के शिकार खेलने आने पर जंगल के गाँव से कितने ही आदिवासियों को खदेड़ना बाक़ी है। वाथानिया के जंगल से अहीरों को उजड़वाने का काम भी बाक़ी है। मेदिनी तो उनका दाहिना हाथ है। हकीमी गोली भाँग के शरबत के साथ मिलाकर उन्हें पिलाता था, उनका पौरुष ठीक रखने के लिए। लेकिन अब वह जैसा कह रहा है, उन्हें वह भी मानना पड़ेगा।

राजा ने कहा, "यहाँ आ सकते हो?"

"नहीं हुजूर, वहाँ जमीन है।"

"नहीं हुजूर, लेकिन अगर मर गया तो देखिएगा, लड़के को हुजूर सरकार के यहाँ नौकरी पर रखा जाए।"

"यह भी कोई कहने की बात है!"

एक बन्दूक़, एक सौ एक रुपया और नये वस्त्रों की भेंट लेकर मेदिनी सिंह वापस आ जाता है। दुख से उसका मन भारी हो उठता है। लड़के को अगर ज़िन्दा रखना है तो नौकरी पर रहना ठीक नहीं, नौकरी पर रहा तो लड़का मर जाएगा। दूसरे सिपाही उसे काफ़ी दूर तक छोड़ने आते हैं। वे उसके बर्तन-भाँड़े, बक्सा-चौकी—सभी घर तक पहुँचा देना चाहते हैं।

सामान घर तक पहुँचाने आए तीन सिपाही काफ़ी देर तक बातचीत करते हैं, पूरी और पेड़े खाते हैं। कुछ देर बाद कुछ संकोच के साथ युगल सिंह कहता है, "भैया, हम लोग और भी पक्के बन्धन में बँध सकते हैं। मेरे बड़े भाई के दो लड़के हैं, तुम्हारी छोटी बहू की दो लड़कियाँ..."

"भैया, बड़की और मझली की लड़कियाँ बड़ी हैं। इनकी उम्र कम है। मैं उनके लिए लड़कों की बात कर रहा हूँ। वैसे तुम्हारी बात तो ठीक है, लेकिन वे लड़कियाँ? उनके लिए भी अगर लड़का ढूँढ़ दो तो मैं जिन्दगी भर एहसानमन्द रहूँगा।"

मेदिनी सिंह कह रहा है, एहसानमन्द रहेगा। जिसके घर रानी जी कुछ दिन पहले पधारी थीं, वह मेदिनी सिंह ऐसी बातें कह रहा है। सिपाही लोग निहाल हो गए।

वे वचन देते हैं कि वे मेदिनी की लड़कियों के लिए जी-जान से लड़का तलाश करेंगे।

बाद में बातचीत चली तो बरकंदाज़ सिंह ने भी कहा, "जैसा भी लड़का मिलता है, शादी कर दो। तुम्हारी तीनों लड़कियों की माँ के बारे में गलत बातें फैल जाने पर लड़का मिलना मुश्किल हो जाएगा। सीता और सरयू के लिए चिन्ता की कोई बात नहीं। जानते हो, वे किसकी बहनें हैं?"

मेदिनी 'जैसा भी लड़का मिले' वाली बात पर पहले तो कुछ नाराज़ होता है, 'ये भी कोई बात हुई।' लेकिन सोचता है, इस बात में काफ़ी दम है। ज़रूर कहीं कोई बात हुई होगी। ग्राम-समाज में ऐसे कुटनीपने से रिश्ता टूटता है। मेदिनी ने ख़ुद गुरबचन सिंह की लड़की के बारे में ऐसा ही घोटाला किया था।

वह कहता है, "शादी मैं करूँगा। हुजूर सरकार से कहकर देखो, तुम सभी के लिए मैंने कितना कुछ किया। अब तुम्हीं लोगों को देखना-सुनना है, मैं अकेला आदमी हूँ। मेरा लड़का अगर शुभ शकुन का है तो उससे तुम्हें ही फायदा होगा। क्यों, होगा न?"

"जरूर-जरूर।"

यह कहकर मन में ताज्जुब लिये वह घर लौटा और अपने लड़के से कहने लगा, "ताज्जुब की बात है! पता नहीं मेदिनी सिंह को कैसे पता चल गया है कि मैं ही कुछ गड़बड़-घोटाला करने जा रहा था। हुजूर सरकार के पास हेड-सिपाही था, दिमाग भी ठंडा रखना सीखा है उसने। लड़कियों के लिए रिश्ते ढूँढ़ने का काम मुझको ही सौंप दिया!"

लड़के ने कहा, "आप ढूँढ़ेंगे?"

"जरूर।"

"बड़की और मझली की लड़कियों के लिए?"

"क्यों नहीं? क्या गलती है उनकी?"

"क्या कह रहे हैं आप, पिताजी?"

"यही न कि सौत के लड़के को मारने के लिए टोना किया था।" बरकंदाज़ सिंह भौंह चढ़ाकर सोचता है। फिर कहता है, "मेरी बुआ ने तो सौत के लड़के को काट डाला था, परब के दिन। औरतों के दिल में कब क्या होता है?"

"फिर भी?"

"फिर भी क्या? तेरे दोनों सालों को राजा जी के साले का सिपाही बनाया है कि नहीं? उसी के कहने पर जाति-समाज के कितने ही लड़कों को नौकरी मिली।

राजा को भाँग घोटकर पिलाता था। नहीं, कतई नहीं, कुटुम्ब-कुनबे में झगड़ा, मन-मुटाव क्यों नहीं चले? जरूर चलेगा और कुटुम्ब-कुनबे का काम भी उठाना होगा। यह मत भूलो कि उसका लड़का देवांशी लड़का है।"

"देखने से ही डर लगता है।"

बरकंदाज़ सिंह हँसता है और कहता है, "क्यों? मुझे तो डर नहीं लगता। क्रोधी देवता है। पंडित जी का कहना है कि शिवजी को भी इन्होंने ही भरोसा दिया था।"

मेदिनी सिंह की लड़कियों का रिश्ता ढूँढ़ने के लिए बरकंदाज़ सिंह पगड़ी बाँधकर आगे आता है, फलस्वरूप इस कार्य को यथोचित सम्मान और मर्यादा मिलती है। बरकंदाज़ ने ही सलाह दी कि एक ही घर में दोनों बहनों का रिश्ता ठीक नहीं। दोनों के लिए थोड़ा दूर-दूर लड़का देखते हैं। जाने कब क्या झगड़ा उठ खड़ा हो, कब कौन-सी बात सामने आ जाए?

मेदिनी ने गुलाल से कहा, "सरयू और सीता को जरा अच्छी तरह खिलाओ-पहनाओ। क्या देखकर शादी होगी उनकी?"

गुलाल को जब से मेदिनी ने वचन दिया है, तब से वह मेदिनी के लिए कुछ भी कर सकती है। लछिमा से कहती है, "जितने दिन हूँ, इनकी भी देखभाल कर जाती हूँ। लड़का बड़ा होते ही लात मारेगा।"

लछिमा कहती है, "मैं बाहर नहीं निकल सकती, तू जमीन में अरहर बुवा दे। जमीन रही तो सब-कुछ रहेगा।"

"वैसे वह गाय भी देगा।"

"रुपया एक भी मत खर्च करना।"

"पागल हूँ क्या? तेरी शादी नहीं करनी...?"

गुलाल ने काफ़ी दूर की सोच रखी है। मालिक जिस दिन छोड़ देगा, उस समय भी लछिमा बुढ़िया नहीं होगी। उसे बाक़ी ज़िन्दगी भी बितानी है। बाल-विधवा है वह। बीच में वह मालिक की रखैल रही, और फिर मालिक के लड़के की आया। उसके बाद? गुलाल ने मोहरकरण को वचन दे रखा है। मोहर की बीवी गुज़र गई है। वह दो-चार साल और इन्तज़ार कर सकता है। इसलिए मोहर उनकी ज़मीन जोत रहा है। लछिमा भी इस बन्दोबस्त से ख़ुश है। वह शान्त, सहिष्णु लड़की है।

गोल-मटोल चेहरे पर छोटी-छोटी आँखें। मेदिनी के घर में वह ज़िन्दगी-भर नहीं रह सकती, यह उसे अच्छी तरह पता है और इसमें उसे कोई बुराई भी नहीं दिखती। नानी पर उसे पूरा भरोसा है। आख़िर उसकी स्थायी जगह मोहरकरण का घर ही होगी। मेदिनी के साथ रहने से उसकी क़ीमत कम नहीं होगी, क्योंकि मेदिनी ने उसे ज़मीन दी है।

लछिमा और गुलाल इस मकान में आश्रितों की तरह रहने लगीं। सरयू और सीता को वे सूब सम्मान देतीं। लछिमा कहती, "लड़के के साथ-साथ इनकी देखभाल मुझसे नहीं होती। इन्हें तू ही सँभाल।"

खाना पकाने का काम मेदिनी सिंह की बिरादरी की एक गूँगी और प्रौढ़ लड़की करती थी। यह बन्दोबस्त भी बरकंदाज़ सिंह का ही बन्दोबस्त है। गूँगी दो वक़्त खाना पकाती, चौका लगाती, खाना परोसती, अपना खाना ले जाती।

सरयू और सीता चौके से आगे आँगन में गुड़िया से खेल रही थीं। गुलाल थोड़ी देर उन्हें देखती रही। फिर बोली, "उठो दीदी जी, गुड़ियों का खाना पकाने की जरूरत नहीं है। अब अपनी गृहस्थी शुरू होगी। चलो, तेल मल दें।"

बालों में तेल लगाना, बदन में दूध की मलाई की मालिश करना और इसी त़रह से लड़कियों की देखभाल करते-करते एक दिन उनका रिश्ता पक्का हो गया। इससे पहले ऐसी घटना किसी ने न तो देखी थी और न सुनी थी। बाढ़ा ग्राम में यह बात कहानी बनकर रह गई। बरकंदाज़ सिंह के उद्यम से एक साथ पाँच लड़के जुट गए। वैशाख में एक दिन शादी हो गई पाँचों की। काफ़ी बाजे-गाजे के साथ शादी सम्पन्न हुई। नवागढ़ के राजमहल से आया घी, चावल, चीनी और पाँचों लड़कियों के लिए नाकनथनी। सिपाही लोगों ने चार घोड़ियों के पैरों में घुंघरू पहनाकर उन्हें नचाया। इस शादी में नवागढ़ के लोगों ने पहली बार जगमग-जगमग 'एसिटिलिन' गैस बत्ती देखी। काफ़ी लोगों को छककर जिमाया गया। शादी के दूसरे दिन भी बरातियों को भोजन दिया गया।

फिर डोली चली। बरकंदाज़ सिंह ने पहले ही कह रखा था कि इनका गौना भी एक साथ किया जाएगा। लड़कियाँ बड़ी होने तक पीहर में नहीं रह सकतीं, क्योंकि कोई भी बुज़ुर्ग औरत घर में नहीं है। सभी कुछ सम्पन्न हो जाने के बाद बरकंदाज़ सिंह ने कहा, "भैया! मैंने वचन दिया था, वचन निभाया। अब एक बात है।"

"कहो, जो भी कहोगे, मानूँगा।"

"अगर सभी जीते-जागते रहे तो मेरी पोती को तुम अपनी बहू बनाना। कह सकते हो कि यह भिक्षा माँग रहा हूँ।"

मेदिनी ने कहा, "अगर सभी जीते-जागते रहे तो..."

दो

शादी की घटना गणेश को याद नहीं। याद रहने की बात ही नहीं है, क्योंकि वह उस समय काफ़ी छोटा था। वैसे भी मेदिनी ने अपनी लड़कियों को कभी पीहर बुलवाया भी नहीं। नाति-नातिन होने पर सगुन भेजकर अपना कर्तव्य और लोकाचार कर दिया। लड़कियों की ससुराल वाले इधर का सारा हाल जानते थे। वे मेदिनी से इससे ज़्यादा अपेक्षा भी नहीं रखते थे।

सीता और सरयू ने सुना कि पिताजी गणेश को अपने साथ खेत में ले जाते हैं। उसे अपनी आँखों से ओझल तक नहीं होने देते। इसी कारण उन्होंने अपने घर में ही पाठशाला खुलवाई है। लड़के पढ़ने आते हैं। मास्टर साहब उन्हीं के घर में रहते हैं, खाना खाते हैं। ब्राह्मण हैं, पूजा-पाठ भी करते हैं। गूँगी मर गई है। पिता और भाई ब्राह्मण का प्रसाद पाते हैं। मास्टर जी ने कहा है कि पिताजी शंकर भगवान जैसे हैं। दुर्गा घर में नहीं है, अकेले ही गणेश को पाल रहे हैं। गणेश काफ़ी जवान हो गया है। इतना ताक़तवर है कि आठ साल की उम्र में ही दस साल के लड़के को उठाकर पटक देता है।

सीता और सरयू अपने-अपने घरों में बैठकर गहरी साँस छोड़तीं। सौतेली बहनों की उनकी माँ और मामा ख़बर लेते हैं। उनके सातों कुल में कोई नहीं। उनका ब्याह करके पिता ने तो हाथ धो लिया है। कितना भी चाहें, एक बार फिर से बाढ़ा गाँव में वे नहीं जा सकतीं। हाँ, एक बार गुलाल आई थी: मेदिनी जिस समय लड़के को लेकर तीरथ कर वापस आए थे तो लड़कियों को भेजा था काशी की बनारसी

साड़ी-ओढ़ना, गया जी की पथरी, चुनार का नक्काशीदार लोटा। बस, उसके बाद उन्होंने फिर कभी लड़कियों को याद नहीं किया।

गुलाल को देखकर सरयू रो पड़ी थी। पीहर का आदमी मिलने पर रोने का ही रिवाज है। नहीं तो यह लगता है कि ससुराल आकर लड़की पीहर को भूल गई। लेकिन सरयू दिल से ही रोई थी। कहा था, "कितनी दूर रहती हूँ, गुलाल! काले कौओं से भी खबर नहीं लेते तुम लोग!"

गुलाल ने धीरज बँधाया था और कहा था, "कितना बढ़िया घर-वर मिला है। कितनी सुन्दर दिख रही हैं ये मकई की बालियाँ, घी भरा मर्तबान, घेर में भैंस, निखरा हुआ यह रूप तुम्हारा, कोख रोशन करने वाला लड़का—यही सब तो लड़कियों के लिए परम सुख है, दीदी! रोती क्यों हो?"

गाँव के सभी लोगों के बारे में पूछा सरयू ने। उसके बाद कहा, "सीता के पास जाओ तो कहना, दीदी खुद अपनी मालिक नहीं है। ये लोग जैसा कहते हैं, वैसा ही करना पड़ता है। कहना कि छठ के मेले में अगर आई तो मिलूँगी। जरूर कहना, गुलाल!"

गुलाल दीदे फाड़कर चारों तरफ़ देख रही थी। आख़िरकार उसने पूछ ही लिया, "सास अच्छी है न? तकलीफ तो नहीं देती?"

सरयू हाथ हिलाकर चुप हो जाती है। वैसे भी क्या कहती वह गुलाल से! सास नया कुछ नहीं करती। सभी बहुओं के साथ सभी सासें जैसा करती हैं, वैसा ही वह करती है। जैसे—टोहका देना, लड़की की माँ को गालियाँ सुनाना, पित्ती उछल आने पर खाना देना, अनावश्यक काम कराना। हो सकता है कि उसकी सास उसे कुछ कम ही तंग करती हो; सरयू का भाई है श्री श्रीगणेश की महिमा से।

भाई के बारे में पूछने पर गुलाल ने कहा, "देवांशी लड़का है। लड़कपन है अभी। दीदी जी, भंगी लोग जब सुअर मारते हैं तो वह बहुत खुश होता है, हँसता है। उसको हँसाने के लिए मालिक—खेत के कामगार किसानों को फटाफट नागरा से मारते हैं।"

सीता का परिवार छोटा है। प्यारी बहू है वह सब की। आज़ादी भी उसे कुछ ज़्यादा दी गई है। गुलाल ने महसूस किया कि सरयू जितना सीता-सीता कहकर तड़पती है, सीता के मन में वैसा कुछ भी नहीं होता। परिवार में उसका मन रमा

हुआ है। सीता के गाँव में मेले की शान भी कुछ ज़्यादा है। सीता ने गुलाल को दो रुपये दिये और एक साड़ी। छूट न रहती तो न दे पाती। सीता की सास कानी है। दोनों बहुएँ जो कुछ कहती हैं, वही होता है। फलस्वरूप सीता अच्छी तरह से है। दो विधवा बुआ-सास इन्हीं लोगों के पास रहती हैं। अन्न का उधार चुकाने के लिए ज़्यादातर काम वही करती हैं। सीता को खटना नहीं पड़ता। गुलाल यह सब देखकर ख़ुश होती है।

तीरथ करने गए थे मेदिनी सिंह। वापस आकर गुलाल को भेजा था सीता-सरयू के पास। दोनों जगह होकर वापस लौट आई गुलाल। मिसिर जी भी गए थे मेदिनी के साथ। मिसिर जी इसी गाँव के सरकारी विद्यालय के मास्टर हैं। आजकल वे मेदिनी के घर में ही रहते हैं। आँगन की दूसरी तरफ़ उनका अलग कमरा-दलान है। वहीं उनके लक्ष्मी-जनार्दन भी हैं। खाना पकाने में हाथ अच्छा है। क्योंकि मेदिनी के ख़र्चे से ही खाते हैं। इसीलिए बाप-बेटे का खाना वही पका देते हैं। फ़िलहाल वे मेदिनी का ध्यान धरम-करम की तरफ़ ज़्यादा खींचने की कोशिश कर रहे हैं। हमेशा कान के पास जपते हैं : 'लड़के का ब्याह कर दो, लेकिन इससे पहले मकान से कूड़ा बाहर फेंको।'

मेदिनी अपनी निजी ज़िन्दगी में किसी का भी दख़ल पसन्द नहीं करता। फिर करे भी क्यों? लछिमा लड़का सँभाल रही है। गुलाल गिद्ध नज़र से मकई, ज्वार, गेहूँ-धान, गुड़, दूध-मट्ठा के साम्राज्य पर निगाह रख रही है। मेदिनी की उम्र साठ के क़रीब है। लेकिन वह दो सेर गोश्त, एक कटोरी घी, बीस रोटी खाता है और पचाता है। गोश्त और घी काम को बढ़ाता है। इसलिए लछिमा मेदिनी के बिस्तर पर सोती है। लेकिन सभी जानते हैं कि यह कार्नवालिसी व्यवस्था नहीं है। जब गणेश की दुल्हन 'केला बहू' आएगी, तब लछिमा को घर से निकलना होगा और तभी मोहरकरण उसका पति होगा। मेदिनी बड़ा समझदार आदमी है। इसीलिए उसने ऐसा बन्दोबस्त किया है। मेदिनी की जीवन-पद्धति काफ़ी तर्कसंगत है। दो बीवी हैं, लेकिन होकर भी नहीं हैं। छोटकी परलोक सिधार गई। वह बेचारा क्या करे? क्या सिर्फ़ माला जपे?

मेदिनी ने इसलिए मिसिर से कहा, "देवता! तुम कुछ नहीं समझते। लड़के की शादी होने पर दुल्हन आएगी। छोटी उम्र में क्या वह सारा काम सँभाल सकेगी? लड़का जवान होगा, बहू का गौना करेंगे। तभी इन्हें भगाएँगे।"

मिसिर के सिर पर गाज गिरी। गणेश का ब्याह होने पर लछिमा को छोड़ दिया जाए, यह अर्जी लछिमा की तरफ़ से ही थी। साफ़-साफ़ कहने का साहस न जुटा पाने के कारण ही घुमा-फिराकर अर्जी पेश करनी चाही थी मिसिर ने। मोहरकरण ने लछिमा से कहा है, "काफी दिन बीत गए हैं इन्तजार करते हुए।" लछिमा भी कुछ नहीं तो तीस की तो होगी। मोहरकरण की उम्र चालीस साल है। मेदिनी की गृहस्थी सँभालना और लड़के को बड़ा कर देना निहायत ज़रूरी काम सही, लेकिन मोहर भी तो कुछ लछिमा के शरीर और परिवार का सुख भोगना चाहता है। इसीलिए लछिमा ने मिसिर से विनती की थी कि वह मेदिनी के सामने यह प्रस्ताव रखे। लेकिन मेदिनी का जवाब सुनकर अपने को मुसीबत में महसूस कर रहा था वह। लछिमा से बोला, "गणेश की शादी होने से क्या होता है? गौना न होने तक तुझे छोड़ने वाला नहीं।"

लछिमा ने सुनकर केवल इतना ही कहा, "मोहरकरण और आठ साल इन्तजार नहीं कर सकता। मेरी गृहस्थी कभी नहीं बनेगी। तुम बाह्मन देवता हो। तुम्हारी जाति को सात खून भी माफ हैं। तुमने जरा जोर देकर अपनी बात क्यों नहीं मनवाई?"

"क्या करूँ? मेरा अन्नदाता भी तो वही है। वही मेरा भी मालिक है।" लछिमा अपने आपसे कहती है, "जब मैं आई तो सौतिया डाह के कारण कोई भी काम तरीके से नहीं हो पाता था। घर की हालत क्या ऐसी थी? लीप-पोत कर मैंने मकान का चेहरा ही बदल दिया। बड़े-बड़े डोलों को गोबर-मिट्टी से लीपकर रखती। मकई का दाना भी चिड़ियों को नहीं चुगने दिया।"

"अब भिन-भिन मत कर।"

"दो साल की उम्र तक मैंने उसे जमीन पर नहीं उतारा। लड़के के कपड़े सूखने को डाले तो बैठकर पहरा दिया, ताकि कपड़ों को काग-चील की हवा न लगे। बरसात के मौसम में तसले में आग जलाकर कपड़े सुखाती रही। आज इतना बड़ा हो गया। उसे कभी सर्दी-जुकाम नहीं लगा। माँ की गोद में पलने वाले लड़के को भी ठंड लग जाती है, बुखार आ जाता है।"

यह कहकर लछिमा जल्दी-जल्दी चली जाती है। सीने में जलन लिये। बड़ी आशा थी कि अब मेदिनी उसे मुक्ति देगा। क्या मोहर उसका इन्तज़ार करेगा? गणेश को खोजने चल पड़ी। बाहर एक पेड़ के नीचे मेदिनी बैठा हुआ किसानों

को उनके काम बता रहा था। उसकी तरफ़ बिना देखे वह बोली, "छोटे मालिक को बुलाने जा रही हूँ।"

"कहाँ गया है?"

"मुझसे कहा कि...।"

"क्या?"

"मैदान की तरफ जाएगा। हरोआ को साथ ले जाऊँ क्या?"

"क्यों?"

"धूप निकल आई है। क्या वह पैदल आएगा? छतरी लिये हूँ।" मेदिनी की आँखों में लछिमा का पद दूसरे किसानों से कुछ ऊँचा है। मेदिनी ने इसीलिए कहा, "तू उसे बहुत लाड़-प्यार करती है। हरोआ, तू साथ चला जा।"

हरोआ काफ़ी ताक़तवर प्रौढ़ आदमी है। उसे छोड़ और कोई भी गणेश को कन्धे पर बिठाकर नहीं ला सकता। लछिमा को वह बहुत मानता है। क्योंकि उसे बहुत भूख लगती है। उसकी भूख कभी नहीं मिटती। लछिमा उसे भर-पेट रोटी और सत्तू खिलाती है। हरोआ किस जाति का है, कोई नहीं जानता। वह तीन साल पहले बाढ़ा गाँव में आया था। उसके यह कहने पर कि खाने के बदले काम करूँगा, मेदिनी ने अपने घर में रख लिया था। मेदिनी ही इतने हट्टे-कट्टे जवान से काम ले सकता है, उसे डरा-धमका सकता है।

हरोआ सीधा-सादा आदमी है। उसने एक दिन गुलाल से कहा था, "मोहर के बदले अगर लछिमा की शादी उसके साथ होती तो वह अकेले ही सारी जमीन जोत सकता है। उसके बाद मालिक की जमीन जोतकर अपनी रोटी कमाता।" गुलाल ने उसकी बातों को कोई महत्त्व नहीं दिया था और कहा था कि अगर मालिक के कानों में भनक पड़ गई तो तेरी जान ले लेंगे।

हरोआ तब चुप कर गया था, लेकिन बाद में कहा था, "मैंने किसी बुरे इरादे से नहीं कहा। मेहनत के लिए भी तो आदमी चाहिए, क्यों?"

इस समय हरोआ, लछिमा से थोड़ी दूरी बनाए हुए, पीछे-पीछे चल रहा है। ऐसी औरत को मालिक क्यों छोड़ देगा? यह वह नहीं समझ पाता और फिर अगर छोड़ना ही है तो औरत की जवानी रहते-रहते उसे क्यों नहीं छोड़ता? उन लोगों में मेदिनी, लछिमा और मोहर को लेकर काफ़ी बातें चलती हैं।

हरोआ ने बड़ी इज़्ज़त के साथ पूछा, "हम भंगी टोले की तरफ क्यों जा रहे हैं?"

हरोआ ने गुलाल के सामने जो प्रस्ताव रखा था, वह जानती थी। वह उसकी बातों से परेशान होने लगती है। और परेशानी को छुपाने के लिए बेरुख़ी दिखाती है। इस समय वैसे ही पारा गरम है।

लछिमा ग़ुस्से से बोली, "उधर मेरी ससुराल बा! भंगी सूअर मार रहे हैं, यह बात छोटे मालिक को आकर बताने की क्या जरूरत थी?"

"न बताता तो भी उसे बाद में पता चल ही जाता। फिर वह मुझे मारता।"

"भंगी लोग! कौन लोग जाते हैं उनकी बस्ती में?"

"सूअर का गोश्त खाने में बड़ा स्वादिष्ट होता है, तुमने कभी खाया है?"

"तुम्हारे साथ बक-बक करने का मेरे पास समय नहीं है।"

तभी मिली-जुली आवाज़ें सुनाई देती हैं। कोलाहल धीरे-धीरे नज़दीक आता जाता है। चारों तरफ़ बबूल के पेड़ों से घिरे एक मैदान में वे लोग पहुँच जाते हैं। ट्रेन की सीटी की तरह तीखी चीख़। सूअर के शरीर को गरम सलाखों से बींधा जा रहा है, सलाखें निकालकर और तपाकर फिर से बाँधा जा रहा है। सबसे आगे गणेश खड़ा है। उसके चेहरे पर अमानवीय ख़ुशी और तृप्ति झलक रही है।

लछिमा खड़ी हो जाती है। उसे पता है कि जानवर जब तक मर नहीं जाता, वह वहाँ से हिलने वाला नहीं। सूअर के मर जाने पर लछिमा उसे बुलाती है, "छोटे मालिक!"

गणेश चौंककर वास्तविक दुनिया में वापस आता है। हरोआ झुकता है, वह उसके कन्धे पर चढ़ता है। लछिमा छतरी उठाकर उसके सिर पर तान देती है।

"गणेश छोटा मालिक है, इसका खयाल रखते हुए लछिमा कहती है, इतनी धूप में कौन आता है भंगी टोला में? फिर यह काम देखना भी अच्छी बात नहीं।"

"क्यों?"

"यह बड़ा निर्दयी काम है।"

"क्यों? मुझे तो अच्छा लगता है।"

"अब तुम पढ़ाई-लिखाई सीख रहे हो। यह देखना अच्छा नहीं।"

उस समय तो लछिमा चुप हो जाती है, लेकिन रात को मेदिनी के पैर दबाते

हुए कहती है, "छोटे मालिक का यह काम अच्छा नहीं। इतना-सा लड़का, सूअर मारते देखकर इतना खुश क्यों होता है?"

"किसका अंश है वह? वे क्रोधी देवता हैं।"

मेदिनी कुछ देर चुप रहता है, पैर दबवाने के सुख को भोगता हुआ। फिर कहता है, "छोटे मालिक की शादी होने पर कैसा रहेगा? सोचता हूँ, दस साल का होते ही शादी कर दें।"

"अच्छा रहेगा," लछिमा का स्वर मन्द और अस्पष्ट है।

"जब वह अठारह साल का होगा, दुल्हन घर करने आएगी। फिर तेरी छुट्टी।"

लछिमा इस बात का कोई जवाब न देकर पैर दबाती रहती है। लेकिन उसका सिर और भी झुक जाता है। फिर मेदिनी के पैरों में मुँह छिपाए आकुल हो रो उठती है, "मालिक, मुझे भगाना तो है ही! मुझे अभी छोड़ दें, मालिक! मेरी जिन्दगी का भी कुछ सहारा हो, नहीं तो चालीस साल की उम्र में मैं कहाँ जाऊँगी? पहले तुम्हारी सेवा की, फिर छोटे मालिक की सेवा की। अब आठ साल और करूँ? इनसान नौकरानी भी तो रख लेता है।"

"तू रो रही है?"

"तुम इतने समझदार हो। वे तुम्हारे लड़के को मारना चाहती थीं। भगवान जानता है, कोई भी मर्द ऐसी बात माफ नहीं कर सकता। लेकिन, तुमने कितनी समझदारी और सहनशीलता से काम लिया। मुझ पर भी रहम करो, मालिक!"

मेदिनी सिंह पैर खींच लेता है और एक लात मारकर लछिमा को परे हटा, उठ बैठता है। कहता है, "छोटी जात को बिस्तर पर बिठाने से वे अपना आपा भूल जाते हैं। किनकी बात कर रही है तू? वे मेरी धर्मपत्नियाँ हैं। नमकहराम और किसे कहा जाता है? तुझे जमीन लिखकर नहीं दी क्या?"

लछिमा सिर थामे बैठी रहती है। मेदिनी सिंह कहता है, "लड़के की खातिर तुम लोगों को पाल रहा हूँ, यह तू भी जानती है और मैं भी। गणेश की शादी होते ही दुलहन नहीं आने वाली। जब वह आएगी तो तेरी छुट्टी। मोहर क्या तब तक इन्तजार नहीं करेगा?"

लछिमा नाक सुड़ककर, आँखें पोंछकर, सँभलकर कहती है, "भूल जाओ, मालिक! मुझसे गलती हो गई थी। माफ कर दो।"

मेदिनी की लात लगने से उसके कान की बाली टूट गई थी। कान से ख़ून बहने लगा था। मेदिनी कहता है, "कान धोकर दीये से गरम तेल लगा ले।"

सुबह होने पर मेदिनी ने सारी बातें मिसिर से कहीं। मिसिर गम्भीर होकर कहता है, "यह बात कुछ अच्छी नहीं हुई, मालिक!"

"कैसे?"

"जिसके हाथों में तुम्हारे लड़के के पालने की सारी जिम्मेदारी है, उसी का अगर मन उचट जाए तो क्या उसे छोड़ देना ठीक नहीं रहेगा? छोटी जात की बात है, पता नहीं गुस्से में क्या कर गुजरे! तुम्हारे लड़के की भलाई के लिए ही कह रहा हूँ।"

मेदिनी के मन में वहम पैदा हो जाता है। सुबह से वह कमरे में बैठ जाता है और लछिमा पर निगाह रखता है। वह यहाँ से जाना चाहती है, इस गृहस्थी से उसका मन उचट गया है। इस नई बात की रोशनी में वह पहली बार लछिमा को काम करते हुए देखता है। लछिमा बड़े कुंड में कुएँ से पानी भरती है। गणेश उससे नहाएगा। फिर कुंड पर पतला कपड़ा ढकती है ताकि धूल से पानी गन्दा न हो। लछिमा गणेश के कपड़ों की तह लगाकर रखती है। बिस्तरे, चादर, तकिये का गिलाफ़ धोती है। मलाई का लड्डू और पराँठा बनाकर जाली से ढककर रखती है। गणेश कहीं से दौड़कर आता है। लछिमा पहले बैठकर उसे पंखा झलती है, फिर उसे खाना देती है। गणेश पतंग माँगता है। लछिमा कहती है, "मैं काम कर लूँ, फिर चरखी थामूँगी। तुम पतंग उड़ाना। शक्करपारे बनाए हैं माँ ने, तुझे दूँगी।"

शक्करपारा लेकर गणेश कूदता हुआ चला जाता है और लछिमा तिल कूटने बैठ जाती है। फिर जैसे हवा से बात कर रही हो। कहती है, "मेरे ऊपर नजर रखने की जरूरत नहीं। मैं उसका कोई नुकसान नहीं कर सकती। मेरी देह में जब तक जान है किसी को नुकसान पहुँचाने भी नहीं दूँगी।"

मेदिनी के घर में लछिमा ठीक उसी तरह रहने लगती है, जैसे पहले रहती थी, लेकिन कहीं कुछ परिवर्तन अवश्य आ जाता है। प्राणहीन गुड़िया की तरह लछिमा निभाती है दिन का कार्यक्रम और रात की भूमिका। तिस पर भी मेदिनी क्रोधित होता है। आठ साल इन्तज़ार करने के लिए कहकर क्या कोई भारी ग़लत बात कही है उसने? क्या आठ-दस साल और इन्तज़ार नहीं कर सकता मोहर? वह इन्तज़ार

न भी करे तो भी लछिमा की शादी, घर-गृहस्थी बनना बड़ी बात है कि मेदिनी की सुविधा, सुख-आराम?

मेदिनी कहता है, "अगर वह इतने दिन तक इन्तजार न भी करे तो भी कोई बात नहीं। तीन बीघा जमीन दे चुका हूँ। दो बीघा जमीन और दे दूँगा। गणेश के मालिक बनने पर उसके पैर पकड़कर रहने से क्या दो जून की रोटी नहीं मिलेगी तुझे?"

लछिमा सिहर उठती है, "नहीं-नहीं, और जमीन मत देना, मालिक! और जमीन नहीं चाहिए।"

देर तक मेदिनी के पैरों को सहलाती रहती है। फिर कहती है, "छोटे मालिक की शादी से पहले मकान में कलई, रंग-रोगन करवाओ। बड़े कमरे की मरम्मत करवाओ। लोग-बाग आएँगे।"

"यह तुमने ठीक कहा।"

"मैं चाहती हूँ, नानी का कमरा ठीक करवा लूँ।"

"क्यों?"

"मालिक, आप इज्जतदार आदमी हो। तुम्हारे लड़के की शादी है। कितने नाते-रिश्तेदार आएँगे। यहाँ रहकर हम क्या तुम्हारी हँसी कराएँगे? दस दिन हम लोग वहीं रहेंगे।"

"यहाँ का क्या होगा?"

"देवता को सब-कुछ समझा दूँगी। तुम ही कहते थे कि नवागढ़ के मिथिला सिंह भी इस तरह का बन्दोबस्त अच्छी तरह करते हैं। उसे ही बुलवा लो।"

"गुलाल का कमरा क्या ढह गया है?" हरोआ को वहाँ सोने के लिए कहा था, क्या वह वहाँ नहीं सोता?"

"पुराना तो है ही। हाँ, वह सोता है।"

"अभी मरम्मत कराएगी? पता है, कितना खर्चा आएगा?"

"तुम जो रुपया देते हो उसी में करवाऊँगी।"

"जैसा तू ठीक समझे।"

लछिमा ने यह सोचा तक न था कि मेदिनी ऐसी बात कहेगा। वह सोचती थी कि उसके ऐसा कहने पर मेदिनी कहेगा, 'नहीं लछिमा, ऐसा मत कह। तेरे बिना गणेश की शादी कैसे होगी? तुझ जैसा अपना और कौन है।'

लेकिन मेदिनी ने ऐसा नहीं कहा। यह सुनकर वह तो और आश्वस्त महसूस करता है।

दूसरे दिन मिसिर से कहता है, "इसे छोटी जात कह रहे थे, देवता? देखा, उसकी समझ कितनी ऊँची है। शादी का जितना भी भारी काम है, वह खुद करेगी, लेकिन सामने नहीं पड़ेगी।"

गाँव के राजपूत तबक़े ने उनकी काफ़ी प्रशंसा की। उच्च वर्ण के राजपूतों का ख़ून काफ़ी गरम होता है, इसलिए घरवाली के होते हुए भी गाँव में, छोटी जाति की रखैल रखकर वे इस समस्या का समाधान करते हैं। लेकिन मेदिनी जैसा भाग्यवान मर्द किसने देखा है! एक बीवी मर गई, दो को भगाना पड़ा। गृहस्थी बरबाद हो जाने की बात थी। सभी सोच रहे थे कि अब मेदिनी गुड़-गोबर करेगा। किन्तु 'भाग्यवान की बीवी मरती है' वाला मुहावरा मेदिनी के सम्बन्ध में सही साबित हुआ है। तीन सौतों की गृहस्थी में न तो सुख था, न ही कोई श्री। गुलाल और लछिमा ने अपना ख़ून-पसीना बहाकर उसकी गृहस्थी को सँभाला।

सभी ने अपनी-अपनी रखैल से कहा, "देखा!"

"मालिक ने उन्हें जमीन दी है।"

"जमीन देने से ही सब जान नहीं दे देते।"

इसका जवाब किसी भी रखैल से देते नहीं बना। वे अपनी भूमिका अपने-आप नहीं चुनतीं। इस इलाक़े में राजपूत ही ऊँची जाति के हैं। संख्या भी इन्हीं की ज़्यादा है। नीच जाति के नारी-पुरुष की भूमिका कब भूमिदास की, कब मज़दूर की, कब उजड़े किसान की और कब रखैल की होगी—वही लोग यह तय करते हैं।

वे कहते हैं, ये सुनते हैं। इस बात को भी औरतों ने चुपचाप सुन लिया। ज़मीन न मिलने पर भी वे सेवा और अधीनता स्वीकार करते हैं, अब भी किया।

आश्वस्त होने के कारण मेदिनी ने उदारता से छप्पर के लिए बाँस और खपरैलें देनी चाही थीं, लेकिन लछिमा ने नहीं लीं। कहा, "नहीं मालिक, आप जो रुपया देते हैं, उसी से बना लेंगे।"

गुलाल ने कहा, "यह कौन-सी अकल की बात की तूने?"

"नहीं, नहीं लूँगी।"

"क्यों?"

"नहीं लूँगी, बस।"

हरोआ मरम्मत करने के लिए आया। लछिमा ने कहा, "मुझे एक दिन की छुट्टी चाहिए।"

"क्या करेगी?"

"एक बार मौसी के पास जाऊँगी। वहाँ के गैबीनाथ के मन्दिर में पूजा चढ़ाऊँगी। मनौती मान रखी है।"

"कैसी पूजा?"

"गणेश की शादी पक्की हो जाने पर पूजा की मनौती की थी।"

मेदिनी अभिभूत हो उठा। कहने लगा, "गाड़ी में बैल जोतने के लिए कहता हूँ। रास्ता काफी लम्बा है।"

"नहीं, नहीं, इससे पुण्य नहीं होगा।"

"गुलाल साथ में जाएगी?"

"बुड्ढी वहाँ जाकर क्या करेगी?"

"साथ में नौकर ले जा।"

"क्यों?"

लछिमा अकेली ही जाती है। गुलाल से मोहरकरण को कहलवा रखा था। गाँव के बाहर से वह लछिमा के साथ हो लिया। जाते समय लछिमा ने कोई ख़ास बात नहीं की। सिर्फ़ कहा, "मन ठीक नहीं। जिस काम से जा रही हूँ, पहले वह कर आऊँ। वापस आते समय बात करूँगी।"

कभी गैबीनाथ की बहुत ही मानता थी। एक बार पुरोहित ने ग़ुस्से से गाय की रस्सी को अचानक ऐसे खींचा कि एक बूढ़ी गाय मर गई। भक्तगण काफ़ी नाराज़ हो उठे। मौक़े का फ़ायदा उठाकर एक अन्य ब्राह्मण ने गड्ढे में पहले चना डालकर और ऊपर शिवलिंग रखकर पानी छिड़का और फिर गड्ढा पाट दिया। बाम्हन को स्वप्न में 'भुँइफोड़' शिव मिलता है। नये शिवजी में अभी काफ़ी गर्मी है। दूध से नहाना। चाँदी की नाग-लपेट, ताँबे की गौरी-पट—सभी कुछ मिल चुका है। लेकिन अभी भी लोग मनौती मानते हैं।

पूजा हो जाने पर लछिमा दुकान से चिउड़ा और तिलकुट ख़रीदती है। उसके

बाद दोनों दुकान में बैठकर खाते हैं और पानी पीते हैं पेट-भर। फिर लछिमा कहती है, "आओ, चलें।"

"अभी से, आज तो तेरी छुट्टी है।"

"रास्ते में कहीं बैठेंगे।"

एक आम के पेड़ के नीचे दोनों बैठते हैं। प्रत्याशा से मोहरकरण उसे निहारता है। लछिमा सिर झुकाकर ज़मीन में कुछ लकीरें खींचती है। फिर अचानक धीरे से कहती है, "तुम शादी कर लो। धनपतिया अच्छी बीवी साबित होगी। नानी बात तय कर देंगी।"

"मालिक ने तेरी बात नहीं मानी?"

"नहीं।"

लछिमा नकेल से बँधी गाय की तरह सिर हिलाती है और कहती है, "मालिक ने तीन बीघा जमीन देकर मुझे ख़रीद रखा है। जैसे बैल और भैंस बाँध रखे हैं, वैसे ही मुझे भी बाँध रखा है। लड़के की शादी हो जाने पर भी मुझे छुट्टी नहीं देगा। उसके बाद भी आठ साल मुझे वहाँ रहना होगा। फिर कहीं मेरी छुट्टी होगी। यही कहा है उन्होंने।"

"भाग चलें, लछिमा?"

"कहाँ जाएँगे? वह पकड़ लेगा।"

"यदि जबरदस्ती शादी करूँ तो?"

"तो वह पूरा टोला जला देगा। तुम्हें मार डालेगा।"

मोहरकरण चुप हो जाता है। फिर कहता है, "तब क्या करें? और आठ साल इन्तजार। तेरा क्या होगा? मेरा क्या होगा?"

लछिमा ने कहा, "इसी बात के लिए तुम्हें बुलाया है।"

"क्या कहती है फिर तू?"

"तुम शादी कर लो।"

"और तू?"

"मेरा जो होना है, होगा। आठ साल बाद मैं होऊँगी चालीस की। तब कैसी शादी और कैसी गृहस्थी? धनपतिया की बात मैंने इसीलिए कही है। छोटी उमर में ब्याही थी। आदमी ने घर में नहीं रखा। अब मर भी चुका है, उसके भाई बरकंदाज सिंह की जमीन जोतते हैं। तुम भी जोतोगे और...।"

एक थैली उसकी ओर बढ़ाती है और कहती है, "बीस रुपये हैं।"

"क्यों दे रही है?"

लछिमा मुसकराने की कोशिश करती है लेकिन सफल नहीं होती। गला रूँध जाता है। फिर कहती है, "दो बकरियाँ खरीद लेना। काफी मुनाफा है इस काम में। मान लो, रुपया तुम्हारी शादी पर दिया है। मेरा इन्तजार करने के कारण ही तुम्हारे इतने साल बरबाद हुए। शादी तुम पहले भी कर सकते थे।"

"नहीं लछिमा, मैंने क्या तेरा रुपया चाहा था?"

"मैंने ऐसा कुछ नहीं कहा है। मैं तो जानती हूँ, तुम मेरे सिवाय...खैर, होता तो अच्छा होता, लेकिन नहीं हुआ।" लछिमा की आवाज़ फिर रूँध जाती है।

वह फिर कहती है, "तुम्हारे पास है भी क्या? मुझसे सौ रुपया उधार ही ले लेना। कुछ जमीन अगर जमा लेकर जोत सको...।"

मोहर रूखी हँसी हँसता है। कहता है, "ये सब बातें रहने दे।"

"मना मत करो।"

लछिमा कुछ देर तक सोचती रहती है। फिर कहती है, "मैं भी आस लगाए थी...।" फिर आक्रोश के साथ कहती है, "बुड्ढा मुर्दा कहीं का! उसकी गृहस्थी, उसका लड़का, उसकी पत्नी! वह ठीक तो सब ठीक। भगवान जानते हैं, कोई बेईमानी नहीं की और न ही करूँगी। लेकिन दिल चाहता है कि सब-कुछ जलाकर यहाँ से चली जाऊँ।"

"ऐसा मत सोच लछिमा, दुख बढ़ जाता है।"

"वह लड़का कहाँ से देवता का अंश है! सूअर मरता देखकर हँसता है। गाभिन भैंस को साँप ने काटा। भैंस जितना छटपटाई, वह उतना ही जोर-जोर से हँसा। मालिक जब हरोआ को मारता है, देखकर खुश होता है। बरकंदाज सिंह की पोती बड़ी भोली-भाली है। वह जरूर उसे तकलीफ देगा।"

"ऐसा मत बोल, लछिमा! चिन्ता बढ़ जाती है।"

"चलो, अब चलें।"

"चलो।"

"और हम नहीं मिलेंगे। मिलने से होगा भी क्या?"

इस तरह लछिमा और मोहरकरण का सम्बन्ध ख़त्म हो जाता है। गैबीनाथ की

पूजा से वापस आती है पत्थर की मूर्ति बनी। गुलाल से भी नहीं बोलती। मेदिनी से भी कुछ नहीं कहती।

मेदिनी सिंह कहता है, "दूसरे घर में सोएगी कहाँ? तखत भिजवा दूँ? जमीन पर सोने से तबीयत खराब हो गई तो असुविधा किसे होगी...मुझे ही न?" मेदिनी हँसता है।

लछिमा कहती है, "हरोआ से कहा है कि बाँस का मचान बना देना।"

उसके बाद सारे रिश्ते-नातेदार आ धमकते हैं। मेदिनी की एक बीवी का चाचा, एक का बड़ा भैया पहले से दिये हुए वचन निभाने के लिए सपरिवार आ धमकते हैं। लछिमा और गुलाल मेदिनी को सब-कुछ समझाकर दूसरे घर में चली जाती हैं। ढोलक पर थाप पड़ती है। औरतों के गीत गूँजते हैं। लछिमा अपने बिस्तर पर लेटी रहती है। गुलाल इस मौक़े पर बाहर निकलती है और ख़बरें इकट्ठा करके वापस लौटती है और नतिनी से कहती है, "यह क्या सुनकर आ रही हूँ मैं!"

"क्या सुनकर आई हो? क्यों आँखें तरेर रही है?"

"सुना, मोहर को तूने शादी करने के लिए कहा?"

"कहा है।"

"तूने मेरे बारे में कुछ नहीं सोचा?"

"तू मेरे बारे में जितना सोचती है, उससे ज्यादा सोचती हूँ। अपने मन में झाँककर देख।"

"क्या बोल रही है, लछिमा?"

"मत पूछो।"

"क्यों?"

"मुझे अच्छा नहीं लग रहा है।"

"क्या हुआ? मुझसे भी नहीं कहेगी?"

"क्या कहूँ?"

"मोहर के साथ तेरी शादी कराऊँगी, यह आस लेकर..."

लछिमा अपने स्वभाव के विपरीत कड़वाहट और जलन से कहती है, "अयँ! दिल ही टूट गया। ऐसा दिखा रही है कि जैसे मोहरकरण नहीं, मालिक मेदिनी सिंह ही छूट गया।"

"हाय राम! मैंने क्या कहा और तूने क्या समझा!"

"सब समझती हूँ। अब मेरी भी सुन ले। तूने मुझे बचपन से पाल-पोस कर बड़ा किया। उसी अधिकार से तूने यह तय किया कि मैं मालिक के लड़के को पालूँगी, मालिक की सेवा करूँगी।"

"झूठ मत बोल, लछिमा! मालिक का तेरे साथ पहले से ही सम्पर्क था। नहीं था क्या?"

"हाँ-हाँ, था। रात में ऐसा सम्बन्ध हर मालिक का होता है, लेकिन फिर भी उन लड़कियों की शादी होती है, गृहस्थी भी करती हैं वे। सब-कुछ गिरवी नहीं रखता कोई।"

"मैंने क्या वैसा ही किया है?"

"चुप रह तू! जमीन, गाय और रुपये के लालच में तूने ही तो मुझे गिरवी रखा है। तेरा खयाल न होता तो अब तक मोहर को लेकर कहीं और चली गई होती। तुझ पर चोट आएगी, यही सोचकर मैंने कुछ नहीं किया। अभी भी आठ-दस साल के लिए मैं गिरवी हूँ, समझी?" लछिमा भयानक आक्रोश से गुलाल के चेहरे के सामने हाथ नचाकर कहती है, "गिरवी हूँ मैं! बूढ़ी गाय की तरह जब पूरी तरह से नाकारा हो जाऊँगी, तब छोड़ेगा वह मुझे। क्यों बैठा रहेगा तब तक मोहर? तब मुझे लेकर क्या करेगा वह? तेरा क्या? जमीन भी मिली, गाय भी मिलेगी। रुपया तो है ही। चिन्ता किस बात की? छुटपन में पाला-पोसा था, इसलिए बड़ी होकर भी तेरे बारे में ही सोचा मैंने।"

बाहर खड़ा हरोआ सारी बातें सुन रहा था। वह स्तम्भित हो जाता है। फिर खँखारते हुए कहता है, "सीधा लाया हूँ। ले लो, बर्तन वापस ले जाऊँगा।"

"ले रही हूँ।"

गुलाल मुँह बिगाड़कर चावल-दाल-तेल-नमक से सजी परात लेते हुए कहती है, "घूम आ, फिर ले जाना...।"

फिर लछिमा से कहती है, "मैं जरा मुहल्ले में चक्कर लगाकर आती हूँ।"

क्षण-भर में सुनसान हो जाता है लछिमा का नया घर-आँगन। बिन फलने वाले आम के पेड़ से झर-झर पत्ता झड़ता है। पैर फैलाकर लछिमा बैठी रहती है। क्या सोचा होगा हरोआ ने, पता नहीं? रात को यहीं तो सोता है। पता नहीं कब आँगन

के चारों तरफ़ घेरा लगाया है मनसा के पेड़ से! हट्टा-कट्टा जवान मरद। बाँस का मचान बनाया है मज़बूती से। सारा बन्दोबस्त इस तरह किया है, जैसे अभी-अभी ही कोई यहाँ रहने के लिए आ रहा हो।

लछिमा ने जम्हाई ली। "मैया री! वेवक्त जोरों से नींद आ रही है।" उसने सुना है कि जिस जगह पर कोई लगातार रहता है, वहाँ उसका अधिकार हो जाता है। हरोआ, तू मेरे घर-बार की ख़ूब देखभाल करना। रात को सोता है, सोता रह। पहले मेरी नानी मरेगी। फिर मैं मरूँगी। तू यहीं रहना, पहरा देना। यह घर एक दिन तेरा होगा।

गुलाल की हँसी और बातचीत की आवाज़ से नींद टूटी तो शाम होने वाली थी। हड़बड़ा के उठ बैठी लछिमा। गुलाल दाल चढ़ाकर हरोआ के साथ क़िस्सा जोड़े बैठी थी। बुड्ढी का शौक़ देखो! दाल की महक से सारा आँगन महक रहा था। गुलाल चौंककर कहती है, "सोई थी, इसलिए जगाया नहीं।"

"पानी कहाँ से मिला—खाना पकाने का पानी?"

"हरोआ ले आया था।"

"हूँ।"

"अभी खाएगी।"

"तू खा ले, उसे भी दे दे।" लछिमा जम्हाई लेकर कहती है, "मैं नहाकर खाऊँगी।"

"कहाँ जाएगी?"

"पहले हम लोग कहाँ जाते रहे हैं?"

"धनपतिया के तलाब पर?"

"और कहाँ जाऊँगी?"

"क्या ले रही है?"

"बेसन। मैल छुड़ाऊँगी बदन से।"

लछिमा को इस समय कुछ भी ख़राब नहीं लग रहा है। कुछ दिनों की छुट्टी-मुक्ति, चाहे पल के लिए ही सही। वैसे हरोआ के साथ वह ज़्यादा बातें नहीं करती, लेकिन जैसे इस समय वह यह भी भूल गई।

"क्या तुम्हारे सातों कुल में कोई नहीं है तुम्हारा जो यहाँ मरने के लिए आए?"

"लम्बी बात है।"

"यहाँ क्यों आए?"

"मालिक को पता है।"

"घर कहाँ है, घर?"

"नहीं बताऊँगा।"

"दगाबाजी किये हो?"

"नहीं, कतई नहीं।"

"क्या देता है यह तुम्हें?"

"कुछ नहीं, पेट-भर खुराकी।"

"बस?"

लछिमा पहली बार महसूस करती है कि हरोआ के साथ उसकी कहीं पर समानता है। जैसे मालिक ने उसे अपने क़ब्ज़े में कर रखा है, ठीक उसी तरह हरोआ भी उसके क़ब्ज़े में है। किसी गोपनीय बात या कोई कमज़ोर नस का पता चल गया होगा उसे। इसलिए इस तरह से गुलाम बना रखा है इसे।

अचानक लछिमा के मन में एक भयानक सन्देह उत्पन्न होता है।

"क्यों हरोआ, कोई खत तो नहीं लिख दिया था तुमने?"

"कैसा खत?"

"कैसे बुद्धू हो तुम! ये भी नहीं जानते कि खत लिखकर आदमी अपने आपको बेच देता है? तुम जितने भी इस तरह के नौकर हो, सभी के पुरखों ने कभी कर्ज लिया था, खत लिखकर। चुका न पाने के कारण, अभी भी मजूरी करते हैं। एवज में कुछ फसल मिल जाती है। ऐसा ही बन्दोबस्त है क्या तुम्हारे साथ भी?"

"हुजूराइन!"

"जा!"

"क्या हुआ?"

"कुछ नहीं। बता, मैं हुजूराइन हूँ क्या?"

"फिर क्या कहूँ?"

"नाम लेकर बोल, गिद्धड़! पीछे से क्या बोलता है?"

"किसी बुरे नाम से तो नहीं बुलाता।"

"क्यों?"

"क्योंकि सभी को पता है।"

"क्या पता है?"

"मालिक ने जो किया, वह ठीक नहीं है।"

"तुम्हारे ऊपर उसका क्या अधिकार है?"

"मैंने कोई खत नहीं लिखा। लेकिन मैं उनसे भी ज्यादा बँधुआ गुलाम हूँ। यही समझो और ज्यादा मत पूछो।"

लछिमा गहरी साँस छोड़ती है। दग्ध वंचित दिल को जैसे क्षणिक सन्तोष का ठंडा लेप मिला हो! कोई बुरे तरीक़े से उसका नाम नहीं लेता। हरोआ जैसे लोग भी सोचते हैं कि मालिक ने जो किया, वह सही नहीं है।

लछिमा ने कहा, "हरोआ, घर की खूब देखभाल करना। मालिक के मकान में मेरे साथ बात मत करना, क्योंकि यह मालिक को अच्छा नहीं लगेगा, छोटे मालिक के सामने भी नहीं।"

"नहीं, मैं नहीं बोलूँगा। कभी बोला हूँ क्या?"

दोनों चुप हो जाते हैं।

थोड़ी देर बाद हरोआ कहने लगा, "एक बात कहूँ? यह जो तुम्हारी जगह है, कहो तो यहाँ दो-चार नींबू के पेड़ लगा दूँ। बरसात के शुरू में लगाने से जल्दी-जल्दी बढ़ते हैं।"

"क्या होगा उनसे? कौन देखभाल करेगा उनकी?"

"मैं करूँगा।" उत्साह के साथ हाथ हिलाकर कहता है, "क्या होगा, कहती हो। जानती हो, शरबती नींबू कितना अच्छा होता है? एक-एक नींबू में कितना रस होगा! मैं वह नींबू बेच दूँगा। बुढ़िया को पैसा मिल जाएगा। यहाँ दिन में कोई रहता नहीं। नहीं तो मिर्च, प्याज भी लगाता। फल का पेड़ ही अच्छा है। नींबू, अमरूद—यह सब खूब फलेंगे। काँटे वाली बाड़ का घेरा बना दूँगा, खूब अच्छी तरह से।"

यह कहकर वह अपने मन को और उजागर कर रहा है। लछिमा समझती है, इस मकान को लेकर उसका सपना रचित हो रहा है।

"खैर, लगा लेना। मैं रोज-रोज आ नहीं सकती, पिंजरे का पंछी बन जाऊँगी फिर से। ऐसा-वैसा पेड़ मत लगाना कि मालिक के मन में खटके और वह नाखुश हों।"

"नहीं, नहीं। मैं ऐसा कभी कर सकता हूँ?"

शादी का उत्सव ख़त्म हो जाता है। रिश्तेदार विदाई लेते हैं। एक-एक करके। मेदिनी का चचिया ससुर कहता है, "शादी का पानी बदन पर गिरा। चौदह साल में ही लड़की गृहस्थी सँभालने लायक हो जाएगी। तभी गौना करा लेना। लड़का भी तब सोलह साल का हो जाएगा। भगवान ने चाहा तो साल-भर में पोते का मुँह देखोगे।"

मेदिनी खड़ा रहता है, चेहरे पर हँसी लिये। बरकंदाज़ कहता है, "भैया, मेरी उम्र तुम्हारी उम्र से काफी ज्यादा है। दामाद को बुलाऊँगा कभी-कभी। अब मैं और कितने दिन का हूँ?"

रिश्तेदारों के विदा होने के साथ ही लछिमा और गुलाल वापस आ जाती हैं और अपनी भूमिकाएँ सँभाल लेती हैं।

रात को मेदिनी सिंह लछिमा से कहता है, "पुराने जूतों में ही पैर को ज्यादा आराम मिलता है। वे मुझे बड़े जतन से रखते थे, पर तेरी तरह से नहीं।"

"मालिक की किरपा!" लछिमा बोली।

"यह धोती ले लो। एक गुलाल को भी दी है।"

छापे की एक धोती निकालता है और कहता है, "चाहता था कि इस मौके पर तुझे और भी कुछ दूँ, लेकिन हो नहीं सका। उन लोगों ने जैसा दहेज दिया, वैसी खातिर भी करनी पड़ी।"

"और भी कुछ, क्यों?"

"लड़के को पालकर बड़ा किया...।"

"कपड़ा तो दिया।"

"हरोआ, गेबिन, देतारो को भी कपड़ा दिया। तुम लोगों को भी। मिसिर को चाँदी की जनेऊ दी।"

लछिमा ने मशीनी आवाज़ में कहा, "सभी कपड़े एक कीमत के?"

"उन्नीस, बीस होंगे।"

"चलो, अच्छा रहा। लड़के को पाला, इसलिए तुमने जमीन दी। रुपया देते हो। नानी को एक गाय भी दोगे?"

"दूँगा, जरूर दूँगा।"

मेदिनी ने सोचा, 'बेकार ही वह लछिमा के स्वभाव के बारे में तरह-तरह की बातें सोचता रहता है। लछिमा जरूर निहाल हो गई होगी।' अपनी चाहत मिट जाने पर कहता है, "अहा! अभी भी मुझमें घोड़े जैसी ताकत है। अच्छा ही हुआ कि मोहरकरण छूट गया। नाई का बच्चा क्या मेरा मुकाबला करता?"

लछिमा कुछ नहीं कहती।

मेदिनी फिर कहता है, "तेरी शादी-वादी नहीं होगी। बहू घर आने पर बल्कि मैं वहीं जाया करूँगा। जिन्दा न रहा तो तू गणेश का पैर पकड़कर यहीं पर रहना। खाना-कपड़ा जरूर मिलेगा।"

"तुम नहीं मरोगे।"

"अयँ! तू नहीं चाहती कि मैं मरूँ?" मेदिनी उठकर हँसने लगता है। फिर कहता है, "बरकंदाज सिंह ने पटना से जाने तसवीरों की कैसी किताब मँगवाई है। कहता है, तसवीरें विलायती हैं, देखने से ही मरद में काफी गरमी आ जाती है।"

लछिमा को डर लगने लगता है, 'मेदिनी सोता क्यों नहीं? उसने अपना दैनिक हिसाब तो चुकता कर लिया है।'

आख़िर मेदिनी सो जाता है।

अन्धकार लछिमा को कुछ आश्वस्त करता है। रोशनी में होती है वह निरावरण, नग्न, मेदिनी की रखैल, गणेश की दाई, नानी की गिरवी रखी सम्पत्ति। अन्धकार ही उसकी लज्जा ढाँपता है, काफ़ी रात गए। प्रौढ़ मेदिनी के गले से थक्के से निकली इन अश्लील बातों ने अन्धकार को और अधिक मांसल और दँतुला कर दिया है आज।

लछिमा चुप हो रहती है।

तीन

बाढ़ा गाँव के नक़्शे में, हरिजनों का अस्तित्व एक तरफ़ तो गौण है, क्योंकि यहाँ पर राजपूत समाज ही मुख्य है। दूसरी ओर, उनका होना

आवश्यक भी है, क्योंकि मुख्य जीवों के विविध प्रयोजनों को वे ही पूरा करते हैं। क्योंकि यह गाँव मेदिनी सिंह जैसे राजपूतों द्वारा बसाया गया है, इसीलिए नौ हिस्सा ज़मीन उनके क़ब्ज़े में है। बाक़ी लोग यानी कि बहुसंख्यक तबक़ा अल्पसंख्यकों की ज़मीन जोतते हैं।

यहाँ ज़मीन जोतने और खेतीबाड़ी करने की शर्त और बन्दोबस्त कई तरह से है। लेकिन मुख्य रूप से वे इसी नियम से ज़मीन जोतते हैं—वे हैं मालिकों की ख़रीदी प्रजा।

सभी मालिक कभी-न-कभी इलाक़ों की फ़ौजों में सिपाही थे। आंचलिक राजा भी इन पिछड़े इलाक़ों में एक दिन के लिए ख़रीदी गई प्रजा से खेतीबाड़ी करवाते थे। ये सब राजा इतने छोटे हैं कि सरकारी काग़ज़ों में इनका नाम नहीं, लेकिन अपने-अपने साम्राज्य में सभी सम्राट हैं!

बन्दा या दास प्रथा है या नहीं, इस बारे में इन मज़दूरों को कभी भी बताया अब तक नहीं। इनके वंशधरों के समय मालिकों को और अधिक सुविधा मिल जाती है। ज़मीन जोतते हैं अधिक कर देकर। अधिक उपजाऊ साल में ख़ुराकी अनाज भी नहीं बचता। सूखा, अजन्मा और बाढ़-पानी में उधार चुकाने का नियम है खाते पर अँगूठा-छाप। फ़सल का सबसे बड़ा हिस्सा तो देंगे ही और वक़्त-बेवक़्त बेगार भी खटेंगे। इसी तरह कचहरी के सर्वशक्तिमान लाल-बही में बँधुआ हैं ये लोग।

ये ही हैं ख़रीदी बन्दों की प्रजा।

"खरीदी क्यों?"

"एक दिन के लिए खरीदे गए बन्दों के वंशधर हैं, इसीलिए।"

इन सभी राजाओं के बीच आपस में मुक़दमा चल सकता है, लेकिन एक विषय में इनमें काफ़ी समझौता है। इस सब प्रजा के इस लोक और परलोक के मालिक ये ख़ुद हैं और इस नियम को सभी मानकर चलते हैं। इसीलिए एक की प्रजा, दूसरे के यहाँ जाने पर पकड़कर लौटा देते हैं उसके असली मालिक को। आज़ादी के बाद, सभी राजा हैं जोतदार, लेकिन ख़रीदी प्रजा वाला नियम उसी तरह बरक़रार है। ये क़ानून वैध नहीं हैं। इससे क्या?

बेगारी प्रथा क़ानून-सम्मत है क्या? इन सब इलाक़ों में जो प्रथा है, जो मालिकों को सुविधाप्रद है—वही क़ानून है।

बाढ़ा गाँव में भी यही नियम चलता है। यहाँ के मुखिया भी कभी राजा की फ़ौज में सिपाही रहे हैं। उसी ज़माने के मालिक का बनाया क़ानून यहाँ अभी भी चलता है—ख़रीदी प्रजा। गाँव एक है, मालिक नौ। सारी प्रजा ख़रीदी हुई। भंगी, हज्जाम, धोबी वग़ैरह अपना-अपना पैतृक काम तो करते ही हैं, इसके अलावा कोई-कोई बटाई पर खेती भी करता है। बटाई पर ज़मीन देने में मालिक को कोई आपत्ति नहीं, क्योंकि बटाई की ज़मीन पर काम करके भी इनके पास खाने लायक़ कुछ नहीं बचता। तब ये लोग क़र्ज़ लेते हैं। क़र्ज़ लेकर ये बँध जाते हैं। क़र्ज़ का ब्याज चुकाने में इनकी अपनी ज़मीन का छोटा-मोटा टुकड़ा चला जाता है। वैसे अब ये लोग भी समझ गए हैं कि क़र्ज़ से बचने के लिए बटाई पर ज़मीन लेने से नौकर बनना ही अच्छा है। मालिक के रूप में इन्हें बरकंदाज़ सिंह जैसा मालिक पसन्द है। वह दयावान नहीं है, बल्कि उधार-क़र्ज़ के मामले में कई गुना ज़्यादा शातिर है। लेकिन प्रजा के साथ सम्पर्क अच्छा बनाकर चलता है। पोती की शादी में उसने अपनी समूची प्रजा को भरपेट खाना खिलाया था।

वही इस समाज का प्रधान है। धनपतिया का बाप भी एक दिन उसके पास गया। कहा, "मालिक, कुछ कहना है।"

"क्या बात है? बड़ी भैंस का जख्म तो तू अभी तक ठीक नहीं कर पाया।"

"क्यों? देखिए, कितना सूख गया है। वह बार-बार कुंड में उतर जाती है। कीचड़ और कीड़ों से घाव फिर बढ़ जाता है।"

"कुछ दिन बाँधकर रख।"

"रखूँगा।"

"क्या कहना है?"

"मोहर को बटाई पर जमीन देनी होगी।"

"कौन मोहर?"

"मोहरकरण।"

"काहे को? उसे तो जमीन मिली हुई है और वह खेती भी करता है।"

"न मालिक, बात यह है कि वह शादी अब नहीं हो रही है।" अपने बचाव के लिए मेदिनी का नाम नहीं लेता वह, लेकिन कहता है, "लछिमा अभी शादी नहीं करेगी। मोहर मेरी लड़की से शादी करना चाहता है। उसके पास तो खाली एक

झोंपड़ी है, वह भी टूटी-फूटी। कहता है कि मालिक की कृपा हुई तो सब-कुछ बना लेगा धीरे-धीरे। मालिक, आप किरपा करें।"

"हूँ! मोहर किसी की खरीदी प्रजा तो नहीं?"

"नहीं, हुजूर!"

"जा, हो जाएगा। फिलहाल अपने साथ ही ले ले उसे।"

"तो ठीक है, मालिक!"

"हाँ, हाँ। मेदिनी को तो पता है न? वह नाराज तो नहीं होगा!"

"लछिमा उससे शादी नहीं करेगी।"

शाम को बरकंदाज़ सिंह थोड़ा-सा नशा करते हैं। पुरानी आदत है। नशा अपने घर में नहीं, रखैल मोरी के घर में करते हैं। बन्दोबस्त अच्छा है। मोरी, बरकंदाज़ सिंह की प्रजा बिगुलाल की औरत है। दो लड़कों की माँ है। बरकंदाज़ सिंह के आने से पहले ही बिगुलाल लड़कों को लेकर आँगन के पार दूसरे कमरे में चला जाता है।

बरकंदाज़ ने पुकारा, "मोरी!"

"क्या, मालिक?"

"मोहर धनपतिया से कैसे शादी कर रहा है?"

"शादी तो करनी ही पड़ेगी। नहीं तो क्या उसे सारी जिन्दगी दुखी रहना है? इसीलिए वह शादी कर रहा है।" मोरी साफ़-साफ़ कहती है। उन सबको मोहर और लछिमा से हमदर्दी है।

"लछिमा से शादी नहीं करेगा?"

"नहीं।"

"आहा! मैंने तो सुना है कि लछिमा ही शादी नहीं करेगी उससे।"

"बात एक ही है।"

"सुना है, लछिमा और आठ साल शादी नहीं करेगी।"

"कौन जाने, मालिक? छोड़िए यह बात।"

बरकंदाज़ सिंह को लगा कि जैसा उसने सुना है, मामला वहीं तक नहीं है। मामला कुछ गड़बड़ है, सारी बातों का पता नहीं चल रहा है। गाँव के जीवन में तरह-तरह के क़िस्से, कच्चे चिट्ठे या निन्दा-बुराई काफ़ी महत्त्व रखते हैं। इन्हीं से

ज़िन्दगी का स्वाद बदलता है। घर में बैठे-बैठे मोहर की शादी के रहस्य को फैलने से नहीं रोका जा सकेगा।

ऐसे विषयों पर अक्सर भंगी लोग गाना बना लेते हैं। इस तरह की अभिव्यक्ति की स्वतंत्रता गाँव की जीवन-पद्धति में स्वीकृत है। ये लोग अक्सर किसी भी विशेष घटना को लेकर गाना-बजाना करते हैं। चेहरे पर रंग मलकर बाज़ार में घटना को गाकर पैसा लेते हैं। इस पर रोक लगाने पर वे काम नहीं करेंगे और उनके काम न करने से गाँव नरक बन जाएगा। इसके पीछे कई कारण हैं। बाढ़ा गाँव से सटा एक गो-भागाड़ (जहाँ मरी हुई गाय रखी जाती है सड़ने के लिए) है। तोहरी के बाजूलाल ठेकेदार यहाँ हड्डियाँ इकट्ठा करते हैं। सरकारी फ़ार्म में इन हड्डियों की खाद डलती है। इसलिए इस भागाड़ की देखभाल इन भंगी लोगों के हाथ में है। सड़-गलकर, कीड़े-मकोड़ों से खाए जाकर जब पशुओं की लाशें कंकाल बन जाती हैं तो डंडे से पीट-पीटकर हड्डियों को तोड़ा जाता है और बोरियाँ भरकर भेज दिया जाता है। सड़ी हुई लाशों को सरकारी चूने वाली मिट्टी से ढका जाता है।

गाने-बजाने पर रोक लगाने पर बदमाशी पर उतारू ये लोग अगर जानवरों पर चूना-मिट्टी न डालें तो सारे गाँव पर गिद्ध मँडराने लगेंगे और बदबू के कारण रहना मुश्किल हो जाए। भागाड़ यहाँ से नहीं हटाया जा सकता। बाजूलाल ने रुपया लगाकर अच्छी जगह ज़मीन ली है।

एक बार बरकंदाज़ सिंह ने कहा भी था कि भागाड़ हटाना होगा।

"क्यों?"

"गन्दी चीज है। घर में बैठकर देसी घी में पका खाना खा रहे हों तो उसमें भी बदबू आने लगती है।"

"मैं क्या करूँ? भागाड़ तो यहाँ पहले से था।"

"अरे वे लोग आजकल कुत्ता-बिल्ली जो भी मर रहा है, सबको यहीं डाल जाते हैं, इसलिए ऐसी बदबू...!"

"चूना-मिट्टी भी डालते हैं।"

"भागाड़ हटाना होगा।"

"मुझे सालाना फायदा कितने रुपये का है, पता है आपको? सब हिसाब

लगाकर, नवागढ़ की कचहरी से लिखा-पढ़ी करके ठेका लिया है। फायदे की चीज को कोई छोड़ता भी है?"

"मरे जानवर से फायदा?"

"तुम्हें क्या पता? क्या केवल जमीन, भैंस और खरीदी प्रजा ही फायदे की चीज है?"

बरकंदाज़ सिंह को बड़ी हैरानी हुई, लेकिन वह बेवकूफ़ नहीं बनना चाहता था इसीलिए कहता है, "यह सब-कुछ पहले नहीं था। आजादी मिलने पर ही यह सब-कुछ हो रहा है।"

भंगी लोगों को बाजूलाल कभी-कभी रुपया भी देता है। तब ये लोग सूअर मारते हैं और शराब पीकर गीत गाते हैं।

बाढ़ा गाँव में भंगियों की औक़ात बढ़ने का मुख्य कारण है बरकंदाज़ सिंह के भतीजे चन्द्रभान का पत्नी-प्रेम। असल में बरकंदाज़ के भतीजे की बीवी अनुपम सुन्दरी या गुणवती नहीं है, पर है बड़े ख़ानदान की। अच्छे लक्षणों की ऐंचकतानी लड़की है, और बाढ़ा गाँव के सभी लोगों के लिए गर्व का कारण भी है, क्योंकि वही एकमात्र ऐसी स्त्री है जो शहर में दस साल रहकर आई है, चाहे वह छपरा ही क्यों न हो। उसके जैसे तुरुप का इक्का किसी के पास नहीं है—न किसी मर्द के पास, न किसी औरत के पास। फलस्वरूप उसके हजारों नखरे हैं। उसे लालटेन नहीं, बड़ा नक्काशीदार लैम्प चाहिए। नहाने के लिए बेसन नहीं, ख़ुशबूदार साबुन चाहिए। गर्मी में छापे की पतली धोती भी चाहिए।

बाद में वह सास से बड़ी गोपनीय, दुख की बात कहती है, लेकिन अनेक पूछताछ के बाद। वह शहर की लड़की है। उसकी आदत है, घर के अन्दर बनी टट्टी में जाने की। सास, ननद और जेठानी के साथ लोटा लेकर, मकई के खेत में जाकर प्रात:-क्रिया निपटाने और बतियाने में वह असमर्थ है।

सास इस बहू का पक्ष हमेशा लेती है। लेकिन यह बात उसकी भी समझ से बाहर है।

"क्या कह रही है, बहू?"

बहू फिर वही बात दोहराती है।

सास पहले तो हँसती है, फिर अपनी राजपूतानी आन और तेज़ के गर्व से

गम्भीर होकर कहती है, "ऐसी बात मत कर। हम हमेशा मैदान में जाते रहे हैं और अभी भी जाते हैं। शहर की सारी आदतें अच्छी नहीं।"

लेकिन बहू की तकलीफ़ और परेशानी भी ठीक है। समझ आती है।

चन्द्रभान की दुलहन मकान के अहाते में टट्टी चाहती है। वह काफ़ी परेशानी में है। पहले तो इसे बेशर्मी, नाजायज़ माँग, फ़ैशन और सिनेमा देखने का बुरा नतीजा माना जाता है। इसी दौरान बरकंदाज़ किसी एस.डी.ओ. को अपने घर में पोते के लगन-टीका के अवसर पर बुलाता है। हाकिम कहता है, "नहीं-नहीं, मैं नहीं आ सकूँगा।"

"क्यों सरकार?"

क्लर्क कहता है, "आप लोगों के यहाँ न तो गुसलखाना होता है, न संडास। इसलिए अफसर लोग वहाँ नहीं जाना चाहते!"

तो यह बात है!

दुनिया में इतना कुछ होते हुए भी शौचालय को इतना महत्त्व क्यों दिया जा रहा है? बात उसे समझ में नहीं आती, लेकिन दो और दो जोड़कर वह चार कर लेता है। अब ज़माना बदल गया है। धीरे-धीरे हाकिम, अफ़सर और मंत्रियों के साथ सम्बन्ध बढ़ाना होगा।

उत्साह के साथ कहता है, "संडास बनवा दूँ?"

"बनवा दीजिए।"

बरकंदाज़ सिंह मज़दूर और मिस्त्री लेकर वापस आता है। संडास बनाना ही है तो एक ही क्यों, एक से ज़्यादा बनवाने में ही शान है, कम में नहीं। कई शौचालय एक ही पंक्ति में बनवाए जाते हैं। कुएँ के क़रीब गुसलख़ाना भी बनवाया जाता है, मिस्त्री के सुझाव से।

शुरू में तो कोई इनका इस्तेमाल नहीं करता। लेकिन सबसे पहले चन्द्रभान की दुलहन उनमें जाने लगती है। अब कोई इस काम में उससे पीछे न रह जाए, इसलिए घर की सारी औरतें उनमें जाने लगती हैं।

संडास की महिमा से एक बार एक डिप्टी-मजिस्ट्रेट, एक रात ठहरकर होली का न्योता खा जाते हैं।

फलस्वरूप गाँव में बरकंदाज़ सिंह की इज़्ज़त बढ़ जाती है। दूसरे मालिक

लोग भी केवल बेवकूफ़ महाजन बने नहीं रहना चाहते। इसलिए वे भी अपने-अपने अहातों में वैसा ही दड़बा बनवाते हैं।

शौचालय साफ़ करना और उनमें से मलाधार को बाहर फेंकने का काम भंगियों के लिए नियत हो जाता है। इस काम में बेगार चलने से रही, इसलिए भंगी लोग तनख़्वाह पाने लगे। भंगियों की भूमिका काफ़ी महत्त्वपूर्ण होती गई। क्योंकि अगर वे टट्टी साफ़ न करें तो मकान में रहना ही मुश्किल हो जाए।

लेकिन मेदिनी सिंह ने यह काम नहीं किया।

लछिमा मोहर से शादी क्यों नहीं करेगी, इसका रहस्य मोरी ने किसी तरह से भी नहीं बताया। इस पर बरकंदाज़ सिंह का सन्देह और भी बढ़ गया है। क्या इस मामले में मेदिनी सिंह का हाथ है?

"मुझे कुछ नहीं मालूम, मालिक!"

उत्सुकता के कारण बरकंदाज़ सिंह का बुरा हाल था। मेदिनी सिंह के लड़के के साथ उसकी पोती की शादी हुई है। वह मेदिनी सिंह के लड़के का सम्बन्धी है। मेदिनी की रखैल लछिमा मोहर से शादी नहीं करेगी, इससे उसे कुछ नहीं लेना-देना। लेकिन मोहर अब उसकी ख़रीदी प्रजा बिगुलाल का दामाद होने जा रहा है, इसलिए वह जान लेना चाहता है कि कहीं मामला कुछ गड़बड़ तो नहीं?

अगर कुछ गड़बड़ हो तो? मेदिनी नाराज़ हो जाए तो? बिगुलाल को 'हाँ' कहकर कहीं उसने ग़लती तो नहीं की?

बरकंदाज़ अपने सुयोग्य पुत्र नाथू से पूछता है। नाथूसिंह अपने बाप से ज़ुबान नहीं लड़ाता है। गणेश को दामाद बनाने की उसकी क़तई इच्छा नहीं थी। लेकिन लड़का देवांशी है और तिस पर पिता का आदेश, इसीलिए राज़ी हो गया। मेदिनी के रहन-सहन का तरीक़ा उसे पसन्द नहीं। उसकी हवेली में लछिमा के रहते वह अपनी लड़की नहीं भेजेगा। रखैल रहती हैं घर से बाहर। घर में कौन ले आता है उन्हें?

पिता की बात सुनकर थोड़ी देर तक सोचता है। धनपतिया की बहन लखपतिया उसकी कृपापात्री है। धनपतिया की शादी मोहर से कराई जाएगी। वह अपने पिता से कहने लगा, "छोटी जात की बात है। मोहर किससे शादी करता है या किससे नहीं—इससे आपको क्या लेना-देना? आप समाज के प्रधान हैं, उनके बारे में आप

क्यों सोचेंगे? छोटे लोग आपको मानते हैं, आपकी जुबान के कारण। बिगुलाल आपकी प्रजा है। उसे आपने जो जुबान दी है, उसे पूरा करें।"

"मेदिनी से न कहूँ?"

"वह भी माने हुए आदमी हैं। क्या करेंगे यह बात जानकर? वैसे भी गाँव की सारी बातों का पता चल ही जाता है। उन्हें भी चल जाएगा।"

"जैसा ठीक समझो। तुम समझदार हो, ठीक ही कह रहे हो।"

नाथूसिंह समझदार लड़का है, लेकिन मोहर समझदार नहीं। यह बात बिगुलाल समझता है और समझकर घबराने लगता है।

मोहर उससे कहता है, "रुपया देकर जमीन बटाई पर लूँगा।"

"रुपया मिलेगा कहाँ से?"

"कर्जा लूँगा।"

"ब्याज नहीं देना पड़ेगा?"

सूखी हँसी हँसकर कहता है, "नहीं।"

मालिक की इच्छा पर उनका जीना-मरना टिका होता है। इसलिए बचाव की कूटनीति इन्हें भी सीखनी-जाननी पड़ती है।

इसी कूटनीति से काम लेते हुए बिगुलाल समझ जाता है सारी बातें। भावी दामाद से कहता है, "लछिमा-गुलाल से लोगे?"

"हाँ।"

"चलो, दुकान पर चलें।"

दुकान के नज़दीक एक पेड़ के नीचे मोहर के साथ बिगुलाल बैठता है। अँगोछे से हवा करते हुए कहता है, "मोहरकरण, तुम मेरे लड़के की उम्र के हो। लड़के की जगह पर ही होगे तुम। मैं सोचता हूँ कि मेरे तीन नहीं, चार लड़के हैं। पंच भी हमसे खुश हैं।"

"जी हाँ!"

"तुमने मुझसे जो कहा, और किसी से मत कहना। क्यों, यह मैं समझाता हूँ।"

"जी, मैंने कुछ गलत कहा है?"

"नहीं, कतई नहीं! पर अब मैं तुम्हें समझाऊँ कैसे?"

उद्वेग में बिगुलाल बीड़ी सुलगाता है और फिर कहता है, "लछिमा के साथ

शादी हुई या नहीं हुई, फिर भी बरकंदाज सिंह तुम्हें जमीन दे रहा है। मैं उनकी प्रजा हूँ। तुम इस गाँव के नहीं हो। बाहर से आए हो, यहाँ के सारे रीति-रिवाज तुम्हें मालूम नहीं।"

"आप बता दीजिए।"

मोहर की दृष्टि अनुभव, नम्रता, गहरी चोट खाने से उत्पन्न उदासीनता और ठहराव लिये है। जैसे वह अभी भी अपने ही ज़ख़्मों के घेरे में बन्द है। उस शीशे के घेरे को तोड़कर दूसरे लोगों से सम्पर्क कर पाने में वह असमर्थ है।

बिगुलाल ने कहा, "चिन्ता मत करो। हाँ, मैं कह रहा था...।"

"कहिए।"

"यहाँ पर कोई नियम, कानून, अदालत, अफसर, कचहरी नहीं है। यह मालिक लोग ही यहाँ के राजा-महाराजा हैं। करज लेकर तुम बटाई पर जमीन लेते हो। फसल पर लगान देते हो, जरूरत पर मालिक से उधार लेते हो। मालिक ही इसका हिसाब रखते हैं। मालिक मोहर जैसे लोगों पर नाराज नहीं होते हैं।"

"करज तो नहीं मिटता?"

"नहीं। इसीलिए हम लोग खरीदी प्रजा कहलाते हैं।"

"और आगे कहिए।"

"लेकिन जैसे ही उन्हें पता चलेगा कि तुम रुपया देकर जमीन लेना चाहते हो, वैसे ही उनकी आँखें लाल हो जाएँगी और वे कहने लगेंगे, इतनी हिम्मत? रुपया देकर जमीन लोगे? हम पता करेंगे कि रुपया तुम्हारे पास आया कहाँ से? तब तुम फँस जाओगे। मैं भी फसूँगा। और फिर लछिमा को क्या मेदिनी सिंह छोड़ देगा?"

लछिमा से शादी न हो पाने के कारण वह अभी गहरे दुख में है। कहता है, "यह तो जुलुम है। क्या कोई उपाय नहीं है?"

"उपाय? तुम पागल हो गए हो मोहर? अभी तीन महीने भी नहीं हुए, मेदिनी सिंह को खबर मिली थी कि नवागढ़ की आदिवासी प्रजा रुपया देकर चीज खरीद रही है। फसल बेचकर चीजें ले रहे हैं। बस, उसके इशारे पर उसके सिपाहियों ने पूरी आदिवासी बस्ती को जला दिया। नहीं, नहीं मोहर, ये सब बड़े भयंकर लोग हैं। ऐसी बात कभी मत सोचना।"

"ठीक है, नहीं सोचूँगा।"

लेकिन फिर भी मोहर की शादी के मामले में मेदिनी सिंह फँस जाता है। परिणाम मोहर के लिए अच्छा नहीं हुआ। रुपया देकर ज़मीन नहीं लेगा, बिगुलाल की सिफ़ारिश से लेगा। इसलिए लछिमा से उधार भी नहीं लेता, लेकिन लछिमा के दिये हुए बीस रुपये से बकरी ज़रूर ख़रीदेगा। अच्छी तरह देखभाल करने पर बकरी बच्चे भी जल्दी-जल्दी देती है, जिन्हें बेचा जा सकता है। नई दुलहन के लिए बकरियाँ अच्छा उपहार रहेंगी।

सब-कुछ पर अच्छी तरह सोच-विचार कर लेने के बाद अपने भावी सालों की मदद से वह अपनी झोंपड़ी ठीक करता है। बकरी की खोमड़ी बनाता है। मिट्टी की दीवारों की लिपाई-पुताई करवाता है। इसके बाद पारशर के घर जाता है और एक बकरी ख़रीद लाता है।

बाज़ार से लाल-पीले रंग की एक धोती और जस्ते की चूड़ियाँ भी लाता है। बिगुलाल उससे कहता है, "बकरी अभी हमारे पास ही रहने दो। तुम्हारे घर में देखभाल कौन करेगा?"

लखपतिया अपनी बकरियों के साथ उसे भी चराने ले जाती है। एक दिन घोड़ी पर सवार मेदिनी सिंह की नज़र बकरी पर पड़ती है। एकदम सफ़ेद नाचती हुई उस बकरी को देखते हुए कहता है, "सुन्दर है। तुम्हीं लोगों की है?"

लखपतिया शरमाकर हँसके क़हती है, "हाँ!"

लगाम खींचकर घोड़ी को खड़ा करता है और पूछता है, "तेरी दीदी है न धनपतिया? मोहर उसे खिलाएगा क्या?"

"मालिक बटाई पर जमीन देगा।"

"अच्छा!"

मेदिनी वापस लौटता है। उसे यह बात अच्छी नहीं लगती। क्यों, पता नहीं। शाम को बहू को देखने के बहाने बरकंदाज़ सिंह के घर जाता है और कहता है, "क्या तुमने यह काम ठीक किया?"

"कौन-सा?"

"मोहर को बटाई पर जमीन देना?"

"भैया, वह बिगुलाल की लड़की से शादी करेगा और बिगुलाल तीन पीढ़ी से मेरा खेत जोत रहा है।"

"आदमी अच्छा नहीं है। इसलिए लछिमा ने उससे शादी नहीं की। वैसे अभी शादी हो भी नहीं सकती। मेरा लड़का बड़ा हो जाए और तुम्हारी पोती भी। आठ-दस साल का मामला है। इतना बेईमान है कि इन्तजार भी नहीं कर सकता।"

"भैया, उनकी समझ उनके पास। औरत चालीस की और मरद पैंतालीस होने पर शादी कैसे करेगा? तब तो साधु बनेंगे, साधु!" बरकंदाज़ सिंह अपने मज़ाक पर आप ही हँसने लगे।

मेदिनी सिंह को याद आया कि ठीक यही बात कहकर लछिमा ने उससे छुट्टी माँगी थी। वह गहरी साँस छोड़कर बोला, "खेत-बखार, गाय-भैंस, ज्वार-मक्का, बर्तन-बिस्तर, किसान-मजदूर, बाग-बगीचा, गृहस्थी बहुत ज्यादा फैल गई है। बच्चा बैल क्या खेत जोत सकता है? छोटी-सी बहू क्या घर सँभाल सकेगी? बहू को भेज दो। सारा काम समझ ले। लछिमा को निकाल दूँगा। हाँ, अगर वह बहू का पैर पकड़कर रहना चाहे तो रह सकती है। काम करेगी तो खाना भी मिलेगा। सोच-विचार कर ही मैंने ऐसा बन्दोबस्त किया था।"

"नहीं, तब नहीं। घर के काम के लिए नौकरानी रख दूँगा।"

"उसे बटाई पर जमीन मत देना।"

"जब तुम मना कर रहे हो तो...।"

"नहीं, आदमी अच्छा नहीं है।"

मेदिनी सिंह के चले जाने पर नाथूसिंह ने कहा, "और लीजिए एक ही गाँव में रिश्तेदारी का फल। साला बदजात! अपनी हवस में लछिमा को घर में रखा। बीवियों को भगाया, अब हम लोगों की प्रजा के साथ भी...। आपने वचन दिया है न बिगुलाल को? नीच जाति को हाथ में भी रखना होता है, नहीं तो काम कैसे चलेगा? यह आदमी कैसा है? मोहरकरण क्या उसकी बराबरी का आदमी है? उसकी शादी में टाँग अड़ा रहा है?"

"अब क्या करें?"

"मुझे नहीं पता। अब अगर आप मोहर की शादी में दस रुपया भी देंगे तो वह नाराज हो जाएगा और बहू को नहीं ले जाएगा। ले गया तो पीहर नहीं भेजेगा।"

अन्त में बरकंदाज़ सिंह ने बिगुलाल को बुलाया और साफ़-साफ़ सब-कुछ कह दिया। दुख की बात है, लेकिन वह समधी को नाराज़ भी नहीं कर सकता।

बरकंदाज़ समझते हैं कि यह काम अच्छा नहीं हो रहा है। बिगुलाल जैसे लोग ज़रूर तरह-तरह की बातें बनाएँगे। उसने मेदिनी सिंह के सामने बहाना क्यों बनाया? क्यों बाद में हाथ खींच लिया? क्या वह अब मेदिनी सिंह के अधीन हो गया है?

बरकंदाज़ ने काफ़ी सोच-विचार करके कहा, "जमीन नहीं दे सकता, पर धनपतिया को चार साल के लिए एक भैंस दे रहा हूँ। उसे चराएगी। अगले साल बच्चा होगा, बच्चा रख लेगी। आधा दूध देगी, आधा बेचेगी। तीसरे साल भी यही बन्दोबस्त रहेगा। चौथे साल बच्चा हुआ तो ठीक, नहीं तो साल गए भैंस लौटा देगी।"

पुराना मालिक, पुरानी प्रजा। बिगुलाल ने कहा, "मालिक, भैंस को खिलाऊँगा क्या?"

"बिगुलाल, तू बड़ा हरामी है। खूब जानता है, वह मेरी भैंसों के साथ चरेगी। शाम को एक बार तो चारा डालना पड़ेगा। घास खोदकर दोनों जने बेचें। भैंस को भी घास मिल जाएगी। चल, पाँच रुपये भी दूँगा।"

बिगुलाल फिर भी नहीं मानता। बकर-बकर करता है। कहता है, "कुछ रुपया उधार दे दो, मालिक!"

"अभी तो तू जा। हिसाब देखकर बताऊँगा।"

"मेहनत करके चुका दूँगा, मालिक!"

"अब तू भाग जा।"

ज़मीन नहीं मिलेगी, सुनकर मोहर फीकी-सी हँसी हँसता है।

धनपतिया कंडा पाथती हुई अपनी माँ से कहती है, "जमीन नहीं मिली तो क्या हुआ! बकरी पालेंगे, उसके बच्चे बेचेंगे। भैंस मिल रही है, उसका दूध बेचेंगे। कुछ भी हो, मालिक तो हमें दुत्कार नहीं रहे हैं?"

धनपतिया की माँ अपने होने वाले दामाद को भी यही बातें कहकर धीरज बँधाती है। मोहर समझ नहीं पाता कि मेदिनी सिंह उससे किस बात का बदला ले रहा है? ज़मीन पाने का उसके मन में बहुत शौक़ था। कहने लगा, "जैसा तुम लोग ठीक समझो, वही करो।"

इसी तरह शादी का दिन आ जाता है। हल्दी से रँगी धोती पहनकर मोहर हरोआ और एक किसान को न्यौता दे आता है।

गुलाल कहती है, "मैं नहीं आऊँगी?"

"किस मुँह से तुम्हें बुलाऊँ? आओगी तो मेरा सौभाग्य।"

गुलाल उम्र बढ़ने के कारण सठिया गई होगी। उसकी अपनी कुल सम्पत्ति है—ढक्कन वाली एक पीतल की हाँडी। अपने ख़र्च से वह गुड़ के गुलगुले तल कर हाँड़ी भर लेती है। लछिमा कुछ नहीं कहती। जाते समय सिर्फ़ इतना कहती है, "देर मत करना, मालिक को पता चला तो वह नाराज होगा।"

कहती है, "छुट्टी तो लूँगी।"

मेदिनी सिंह को इत्तला नहीं दी गई। बरकंदाज़ सिंह के घर से वापस आकर कहता है, "वह हरामी और कुछ दिन इन्तजार नहीं कर सका। धनपतिया से शादी कर रहा है। शादी में गुलाल क्यों जा रही है?"

"मुझे क्या पता?"

"फिर किसे पता होगा?"

"मुझे नहीं पता, मालिक! बुढ़िया मेरी तरह से तुम्हारी नौकरानी है। वापस आने पर डाँट देना। गलती हो गई उससे।"

गणेश कहता है, "पिताजी, वह हँडिया-भर गुलगुले भी ले गई है।"

"हँडिया? घर का बर्तन?"

लछिमा बिना किसी प्रतिक्रिया के कहती है, "हँडिया की मालकिन बुढ़िया ही है। उसी का बर्तन-भाँड़ा है।"

"इसका पता कैसे चलेगा?"

"मैं हाथ जोड़ती हूँ। आप सारे बर्तनों का हिसाब लगाकर देख लें। छोटे मालिक को पता है कि मैं किस तरह हिसाब रखती हूँ।"

"हाँ, पिताजी, लछिमा को लिखना नहीं आता, पर वह दीवार पर निशान लगाकर हिसाब रखती है, रोज हिसाब मिलाती है।"

मेदिनी सिंह चुप हो जाता है। अगले दिन गुलाल को देखकर भी नहीं देखता। तोहरी चला जाता है।

तोहरी क्यों गया है? उसके दिल में क्या है? मेदिनी बहुत ही वहमी और तिकड़मी आदमी है। मोहर की तरह साधारण आदमी कैसे उसके क्रोध का निशाना बना, किसी को पता नहीं चला।

मोहर हल्दी-रँगी धोती पहनकर औरतों का गाना सुन रहा था और बारात का इन्तज़ार कर रहा था।

वहीं से थाने के सिपाही उसे पकड़कर ले जाते हैं। मुद्दई स्वयं मेदिनी सिंह है। जुर्म है, मेदिनी सिंह के बर्तनों की चोरी का। तोहरी पहुँचकर मोहर और भी इलज़ाम सुनता है। मेदिनी की नौकरानी लछिमा को शादी का लालच दिखाकर वह बर्तन वग़ैरा चोरी कर लाया है और शादी तोड़कर भाग गया है।

विरोध करने पर बुरी तरह पीटा जाता है और हवालात में बन्द कर दिया जाता है।

अन्त में उस पर कोई केस नहीं बनता। लेकिन छूटकर मोहर गाँव वापस नहीं आता। तोहरी से कहीं और चला जाता है। कहाँ चला गया है, किसी को भी पता नहीं लग पाता है।

बिगुलाल के कारण बरकंदाज़ सिंह को भी तोहरी की हवालात और मेदिनी सिंह के बीच दौड़ना पड़ा है। आख़िर में धनपतिया को पता चलता है कि मोहर छिपाडोर चला गया है। सिर पर हाथ मारकर वह रोने लगती है। लखपतिया उसके मुँह पर हाथ धर देती है और डाँटने लगती है, "अब रो मत। तेरी ही बदनामी होगी। तेरी किस्मत ही खराब है, नहीं तो ऐसा क्यों होता?"

बाप बिगुलाल कहता है, "अच्छा ही हुआ, शादी नहीं हुई। मेदिनी का गुस्सा तो रहता ही और मालिक भी समधी से बिगाड़ कर मेरी भलाई नहीं सोच पाता। समधी के साथ कभी भी नहीं झगड़ते वे।"

इस घटना से प्रजा में असन्तोष फैल जाता है। कोई भी शादी न होने पर धनपतिया को कुछ नहीं कहता। कोई भी इस बात को नहीं मानता कि मोहर ने चोरी की है। मोहर सीधा-सादा आदमी था। छप्पर डालने में, बेड़ा लगाने में, मेंड़ बाँधने में, वह सभी के लिए जी-जान से जुटता था। बिगुलाल साँस छोड़कर मोहनप्रसाद से कहता है, "मालिक लोग अगर हमारे शादी-ब्याह में भी टाँग अड़ाने लगे तो जीना ही मुश्किल हो जाएगा।"

मोहन दुसाध ज़मीन पर थूककर कहता है, "सभी गड़बड़ की जड़ है वह शैतान, मेदिनी का लड़का।"

"वह भला कैसे?"

"अरे महाहरामी है।"

"क्या किया उसने?"

"उसी ने यह बात कही थी कि गुलाल बर्तन लेकर मोहर के घर गई है। मेदिनी तो बहाना ढूँढ़ ही रहा था, उसे बहाना मिल गया।"

"राम, राम! देवताओं का अंश है यह लड़का!"

"वह अगर देवता है तो मैं गैबीनाथ हूँ, समझे?"

मोहन दुसाध इतनी बड़ी बात कह जाता है। इस गाँव के दुसाधों की बातचीत का ढंग काफ़ी दिनों से बिगड़ा हुआ है। क़र्ज़ के कारण सभी अपनी-अपनी ज़मीन से हाथ धो बैठे हैं। अब वे लोग वन विभाग से परमिट लेकर लकड़ी बटोरते हैं और बेचते हैं। वन विभाग की ज़मीन पर ही वे कच्ची झोंपड़ी बनाकर रहते हैं। शाल के पौधों की कलम लगते समय वहाँ से हट जाते हैं। जब इनके सिर पर क़र्ज़ था तो ये भी मालिक से डरते थे। अब नहीं डरते। नंगे और कंगाल,डाकू से नहीं डरते। दुसाध लोग आज़ादी के साथ अपनी जड़हीन ज़िन्दगी में तरक़्क़ी किये जा रहे हैं।

गुलाल शरम से गड़ जाती है। अपने-आपको पापिन समझने लगती है। लछिमा भी उससे बात नहीं करती। आख़िर में हरोआ से ही पूछती है, "मैंने क्या गलती की है?"

"मुझे क्या पता?"

"मेरे साथ वह बात क्यों नहीं करती?"

"दिल में गम बैठ गया होगा।"

"वह तो बैठेगा ही।"

"जो बीता सो बीता।"

हरोआ अत्यन्त दुखी और अचम्भित होकर सिर हिलाता है। लछिमा पत्थर बन जाती है। उसका दिल जलता रहता है। सब-कुछ छोड़-छाड़कर एक आदमी चला गया! मेदिनी सिंह ने उसे भगा दिया!

लछिमा को पता है कि मेदिनी की ज़रूरत पूरी होने तक उसकी मुक्ति नहीं। उड़ती बातों से पता चलता है कि मेदिनी सिंह के जीवित रहते नाथू सिंह अपनी लड़की नहीं भेजेगा। अगर मेदिनी और चालीस साल ज़िन्दा रहा तो?

धनपतिया की हालत के बारे में सोच-सोचकर मर जाने को दिल करता है। उस बेचारी की क्या ग़लती थी!

अपने दिल की बेचैनी और दुख के कारण वह मेदिनी से कहती है, "अपने घर जाऊँगी। बीच-बीच में अपना घर देखने का दिल करता है।"

"चली जा!"

अपने घर में आकर भी उसे अच्छा नहीं लगता है। हरोआ का काम देखकर उसे हँसी आती है। नींबू, पपीते के पेड़ लगाकर उसने घेरा बनाया है। औरतों की तरह निपुण हाथों से आँगन को लीपा है। सूखी लकड़ी का गट्ठर! कौन खाना बनाता है यहाँ? ख़ाली कमरे में पत्तों की मर्मर ध्वनि। उसकी आँखें लग जाती हैं। अचानक किसी की तेज़ साँस से वह चौंक उठती है।

"धनपतिया!"

"लछिमा, तूने मेरा ऐसा सर्वनाश क्यों किया?"

"मैंने किया?"

"तूने ही उसके साथ शादी तय की, तूने ही मालिक को शिकायत लगाई। तूने उसे चोरी का इलजाम लगाकर पकड़वाया!"

"नहीं धनपतिया, मैंने नहीं किया कुछ भी।"

"तूने ऐसा काम क्यों किया?"

"चिल्ला मत, मेरी बात सुन।"

उसने धनपतिया का हाथ पकड़कर उसे अपने क़रीब करने की कोशिश की।

"मुझे मत छू, डायन! तेरी साँस में भी जहर है।" यह कहकर रोती हुई धनपतिया चली जाती है।

दुख और अपमान से लछिमा का सारा बदन काँपने लगता है। लेकिन उसी पल महसूस होता है कि धनपतिया को उसे कोसने का हक़ है। ठीक ही किया है धनपतिया ने। लछिमा महान बनने गई थी। भलाई तो कर नहीं सकी, लेकिन उसने उसकी क़िस्मत बिगाड़ दी। मोहर को देश-निकाला कराकर ही छोड़ा।

डरकर हवेली लौट आती है लछिमा। वह फिर कभी अपने घर जाने का नाम नहीं लेती। अचानक एक दिन बाजा बजता है। शादी के गीत सुनाई देने लगते हैं। उन्हीं की जाति का कामता गाय चुराने के कारण एक साल की सज़ा काटकर बाहर आया है। नाथू सिंह ने उससे बात की।

"जेल जाने पर जो प्रायश्चित्त करना पड़ता है, उसका ख़र्चा मेरा। धनपतिया

से तेरी शादी है। बीवी के मर जाने पर तेरी आदत बिगड़ गई है। मेरी खरीदी प्रजा होकर तूने चन्द्रभान की गाय चुराई।"

"शादी करूँगा, मालिक?"

"हाँ, हाँ। सुना नहीं तूने?"

ऐसे ही अचानक अधेड़ गाय-चोर कामता का धनपतिया से ब्याह हो जाता है। गाय की चोरी महापाप है, इसलिए कामता को गाँव में सभी जगह हीन नज़र से देखते थे कभी, और वह प्रायश्चित्त करने के डर से मरा जा रहा था। अब उस बात को किसी ने नहीं उठाया। धनपतिया मोहर की दी हुई साड़ी और जस्ते की चूड़ियाँ पहनकर, बकरी की रस्सी थामे कामता के घर में आ गई।

सभी कहते हैं, गाँव में अगर कोई इनसान है तो नाथू सिंह। प्रजा की लड़की की शादी के लिए इतनी कोशिश कौन मालिक करता है!

रिश्ते में नाथू सिंह मेदिनी का समधी है, पर उम्र में उससे छोटा है। बरकंदाज़ सिंह ही मेदिनी की उम्र का है। मेदिनी नाथू सिंह से कहता है, "भैया! मालिक लोग कब से खरीदी प्रजा की शादी का रिश्ता कराने लगे? यह क्या कोई नया फैशन चला है? मैं तो गँवार राजपूत हूँ, मुझे कुछ पता नहीं है।"

नाथू ने हाथ जोड़कर सम्मान के साथ कहा, "शादी का पानी पड़ा और शादी नहीं हुई, इससे औरत बिगड़ जाती है। खरीदी प्रजा अपनी सन्तान के बराबर होती है। है कि नहीं, कहिए?"

यहीं पर सारा मामला ख़त्म हो जाना चाहिए था, लेकिन ख़त्म नहीं हुआ। इसी घटना को केन्द्र बनाकर बिलकुल दूसरी तरह की घटनाएँ घटित होने लगीं। परिणाम यह हुआ कि बरकंदाज़ सिंह मर गए और मेदिनी के दिमाग़ की नस फट जाने के कारण उसे लकवा मार गया। सर्वसम्मति से बाढ़ा गाँव में राजपूत-समाज के प्रधान नाथू सिंह बन जाते हैं।

होली का त्योहार आ गया था।

होली का त्योहार हरेक जाति अपने-अपने तरीक़े से मनाती है। होली की पहली रात को, होली जलाई जाती है। त्योहार के दिन शिकार करने के लिए आदिवासी जंगल में जाते हैं। राजपूत मालिक इस दिन रंग खेलते हैं, शराब पीकर घोड़ी नचाते हैं और अफ़सरों को खाने पर बुलाते हैं। चन्द्रभान के घर, कुल-मर्यादा के अनुसार

तलवार की पूजा की जाती है। इतर जाति के लोग रंग खेलते हैं, शराब पीते हैं, और गाना गाते हैं। पन्द्रह दिन तक सभी फाग खेलते हैं।

भंगी लोग शराब पीते हैं। गुलाल और कीचड़ से भूत बनते हैं। स्वाँग सजाते हैं, स्वाँग निकालते हैं। गीत बनाते हैं—नये क़ानून को लेकर, ख़ून-ख़राबे को लेकर, हवालात के अत्याचार को लेकर, मालिकों के गुप्त क़िस्सों को लेकर। वास्तव में मालिकों से शासित बाढ़ा गाँव में, प्रजा के शोषण और अत्याचार का इतिहास इन्हीं भंगियों के माध्यम से प्रकाश में आता है। गीत गाकर, स्वाँग दिखाकर मालिकों के घर में जाकर पैसा लेते हैं। भंगियों की होली का त्योहार एक या दो सूअर मारकर ख़त्म होता है। शराब पीकर, मांस खाकर सारी रात नाचते हैं और हल्ला मचाते हैं।

यहाँ के दुसाध लोग उखड़े हुए हैं अभी। अपने प्राचीन मूल्यों और संस्कारों से दूर हो गए हैं वे। आजकल वे तिकड़में जुटाने के साधनों में लगे हैं। फलस्वरूप दो-एक साल से होली पर वे भी भंगियों के साथ हो-हल्ला करते हैं। दूसरे गाँवों के दुसाधों को यह गवारा नहीं है। 'दुसाधों ने भंमियों का त्योहार कब से मनाना शुरू किया?' पूछने पर मेतरि दुसाध बेवकूफ़ बन जाता है।

मोहन दुसाध जवाब देता है, "जब से खेती का काम छूटा।"

"छूटने पर मालिक के पैर पकड़कर रह जाते हैं दुसाध लोग।"

"किसलिए?"

"नागरा जूते की धूल भी मिल जाए तो उसमें भी फायदा है।"

"हाय रे मेतरी चाचा! हमारे बाढ़ा गाँव में जितने मालिक, उतने ही नागरा जूते। धूल भी उतनी ही ज्यादा। धूल लेने वाले आदमी भी ज्यादा।"

"फिर भी क्या यह काम दुसाधों का है?"

"हम परमिट लेकर लकड़ी बटोरते हैं। हाट में बेचते हैं। घास छीलकर बेचते हैं। अब भी क्या हम दुसाध रह गए हैं?"

"अपना घर क्यों छोड़ा?"

"घर छुड़ाया मालिकों ने। केवल जमीन ही नहीं, झोंपड़ी तक ले ली। जब घर गया तो क्या करें? 'फारेस' की जमीन पर हैं।"

"हूँ! इस तरह क्या जंगली बन जाओगे?"

"कैसे?"

"आदिवासियों की तरह।"

"नहीं। उनके समाज में भी गए थे। उन्होंने शामिल नहीं किया। समझाकर कहने लगे, 'मोहन! आदिवासी क्या कोई धर्म है? मिशन में जाकर 'क्रिस्चन' बन सकते हो। सुना है, मुसलमान भी बना जा सकता है। जागपूजा कर हिन्दू भी बना जा सकता है, लेकिन ओराँव, मुंडा किस तरह बनोगे बग़ैर उनके कबीले में जन्म लिये? दिल में गम लेकर जब आए ही हो तो लो, शराब तो पी लो।' "

इस तरीक़े से मोहन अपने जैसे दो-चार दुसाधों के घरों की समस्या के बारे में समझाता है। कहता है, " 'फारेस' की जमीन पर से उठा देने पर और भी 'फारेस' हैं, वहीं चले जाएँगे।"

मेतरि दुसाध अपने गाँव टाहाड़ वापस जाकर समाज से कहता है, "मन उनके लिए बहुत दुख मानता है, वे सभी जंगली बन जाएँगे।"

मोहर-लछिमा-धनपतिया! इनकी ज़िन्दगी के बेहद जायज़ अधिकारों को, इनके साधारण सुखों को, मेदिनी सिंह ने अपनी सत्ता के घमंड में चूर होकर जिस तरह नष्ट किया है—यह घटना नीच जाति वालों के बीच बातचीत का विषय बन गई है, इसका पता मेदिनी को चल नहीं पाता है। वह अपने लड़के से कहता है, "छोटे आदमियों को इस तरह जूती से दबाकर रखना। रख सकेगा न?"

"जरूर रख सकूँगा, पिताजी!"

"अब मैं तुझे बन्दूक चलाना सिखाऊँगा।"

"जी, ठीक है।"

इस बार होली के दिनों में क्या-क्या स्वाँग बनेंगे? किसे लेकर गाने-गीत बनाए जाएँगे? इसकी चिन्ता में राजपूत समाज भीतर-ही-भीतर उत्तेजित महसूस करता है। यह स्वाँग और गीत राजपूत समाज के लिए कम आनन्द का विषय नहीं। सर्वशक्तिमान, बड़े-बड़े राजपूत राज्यों में, करोड़ों रुपयों के मालिक राजा-रजवाड़े भी जब गुप्त हत्याओं, उपपत्नियों के ख़ून, ज़मीनों के लिए क़त्ल जैसे अच्छे-अच्छे काम करते हैं, चारणकवि नहीं, भंगी लोग इन्हीं विषयों को लेकर राजधानी में गाना गाते हुए घूमते हैं। किसी को नहीं मालूम, वर्ण-शासित भारत में, इनसान की तरह जीने के सारे हक़ छीनकर इन भंगियों को इस तरह के गीत बनाने और गाने का अधिकार

किसने दिया? महात्मा गांधी को गाली देने से कोई फ़ायदा नहीं। उनसे भी बहुत पहले से, यह समय-सम्मानित ऐतिहासिक अधिकार उनके पास है।

होली की शाम मेदिनी सिंह और गणेश बरकंदाज़ के घर निमंत्रित थे। शरबत में भाँग छन रही थी। मौज में थे सभी! मेदिनी सिंह नवरतनगढ़ के राजाओं का होली के त्योहार का क़िस्सा सुना रहे थे। चन्द्रभान, गजमोती सिंह, आदि मालिक लोग भी मौजूद थे।

भंगी मशाल जलाकर ढोलक बजाते हुए चले आते हैं। उनसे दूर रहकर गाँव के दूसरे लोग भी उनका तमाशा देख रहे थे। हर साल ऐसा ही होता है। लेकिन शराबी-कबाबी भंगी लोग जब सामने आते हैं, तभी बात समझ में आती है।

स्वाँग रचने से क्या हुआ! स्वाँग में मेदिनी और गणेश साफ़ पहचान में आ जाते हैं। मेदिनी और लछिमा, लछिमा और मोहर, मोहर और धनपतिया, मोहर और थाने का दरोगा। हर घटना को छंद में बाँधकर रस से भरपूर भाषा में गाया जाता है। हँसी का फ़व्वारा छूटता है।

स्वाँग को समझकर मेदिनी सिंह उन्मत्त हो उठते हैं। वे गर्जन के साथ भंगियों के बीच कूद पड़ते हैं और बिजली की तेज़ी से उन्हें मारने लगते हैं। ख़ास दूरी पर जाकर भंगी लोग फिर मेदिनी को चिढ़ाते हुए नाचते हैं, गाना गाते हैं। इस समय बाक़ी राजपूत हँसी से फट पड़ते हैं। नाथू सिंह चिल्लाते हैं, "चले आइए। अब ये अछूत आपको छू देंगे।"

बरकंदाज़ सिंह हँसी रोकते हुए चिल्लाते हैं, "चले आओ मेदिनी, मैं इन्हें देख लूँगा।"

वे और भी कुछ कहना चाहते हैं, लेकिन छाती पर हाथ रखकर चीख़ उठते हैं। साथ ही उन्हें उल्टी हो जाती है।

मेदिनी उल्टी की आवाज़ को भीषण हँसी समझते हैं और उनके सिर के भीतर कुछ फट जाता है। 'गणेश!' कहकर वे अपनी विशाल देह लेकर धाड़ से गिर पड़ते हैं। यह देखकर भंगी और गाँव के दूसरे लोग दो गुटों में भाग खड़े होते हैं।

राजपूत कूदकर उतर पड़ते हैं बरामदे से। नौकर दौड़ आते हैं। दो वज्रपात होते हैं एक साथ।

हार्ट फ़ेल होने से बरकंदाज़ सिंह मर जाता है। मेदिनी के दिमाग़ की नस फट

जाती है, सेरिब्रल थ्रम्बोसिस से। आख़िर में चन्द्रभान की सलाह से नाथू सिंह तोहरी से डॉक्टर बुलाते हैं। और चन्द्रभान से कहते हैं, "मेदिनी को तुम देखो। अब मुझे अपना कर्तव्य देखना है। वह अकेला आदमी था। दामाद अभी बच्चा ही है।" इस तरह पट-परिवर्तन होता है।

गाज गिरना ही समझो। बरकंदाज़ सिंह अपने गुण-अवगुणों के बावजूद थे एक ग्रामीण व्यक्ति ही। वह अपने गाँव में ही रमे रहते थे। नाथू सिंह अब गाँव के प्रधान बन जाते हैं। शुरू में प्रधान बनने से नाथू मना करते हैं और कहते हैं, "बाद में देखा जाएगा। वैसे गजमोती जी बुजुर्ग आदमी हैं।"

चन्द्रभान कहता है, "भैया, तुम सिसोदिया राजपूत हो। तुम तैयार नहीं होगे तो खून की नदियाँ बह जाएँगी। गजमोती जी में मुसलमानी दोष है। हम उनका शासन स्वीकार नहीं करेंगे। वे मुसलमानों के घर का खाते हैं और प्रायश्चित्त भी नहीं करते।"

मेदिनी सिंह बिस्तर पर पड़ जाते हैं। उनके बाएँ हिस्से को लकवा मार जाता है। साफ़-साफ़ नहीं बोल पाते हैं।

भंगियों को किसी ने कुछ नहीं कहा। इस तरह बाढ़ा गाँव में लछिमा के जीवन के एक अध्याय का अन्त होता है।

चार

मेदिनी के अस्वस्थ होने पर शुरू में गाँव के सभी लोग आते हैं उनका हालचाल पूछने। नाथू सिंह रोज़ाना नियमित रूप से आते हैं। नाथू की बीवी और माँ कहती हैं, "अब तो लछिमा और गुलाल सारा सामान गायब कर देंगी। उन्हें हटाकर अपने घर से कोई ईमानदार नौकरानी भेज देना अच्छा रहेगा।"

नाथू जैसा कुटिल और कुचक्री आदमी भी यह कहने पर मजबूर होता है, "नहीं, मेदिनी होश में है। बातचीत भी करता है, लेकिन साफ-साफ नहीं। लछिमा जिस तरह उसकी सेवा कर रही है, वैसी सेवा कोई और नहीं कर सकता।"

"गणेश?"

"वह बाप से दूर भागता है।"

"क्या मेदिनी बिस्तर से नहीं उठ सकता?"

"नहीं, एकदम नहीं। हरोआ उसे पिशाब कराता है, टट्टी फिराता है।"

"उसकी दोनों बीवियाँ अगर लौट आएँ तो?"

"मैं जो हूँ।"

समाचार पाकर एक पत्नी के चाचा और दूसरी के बड़े भाई आ पहुँचते हैं। नाथू की मौजूदगी में मेदिनी अटक-अटककर कहता है, "नहीं, कतई नहीं। वे मेरी सेवा करेंगी? आते ही जहर पिलाएँगी, जहर!"

चचिया ससुर कहने लगा, "लड़कियों को खबर कर दें?"

"नहीं, कतई नहीं।"

चचिया ससुर और साला बाहर निकलकर आपस में बातचीत करते हैं, "मेदिनी के ऊपर भरोसा नहीं करना चाहिए। लछिमा ने जरूर कोई जादू-टोना कर दिया है उस पर। अरे ब्याह कर लाई बीवी जहर देगी, इसी बात को लेकर डर रहा है! ऐसी बीमारी लगी ही क्यों? हाथी जैसा डीलडौल, ढाई सेर दूध पीकर पानी पीता है। सेर-भर गोश्त और आधा सेर घी रोज खाता है। रात को कटोरा भर मलाई, पेड़ा, पूरी-कचौरी, हलुवा...। जहर दिया है कि जादू किया है, कौन जाने?"

साले ने कहा, "जी, धर्मपत्नी को बिना वजह त्याग देने से कभी किसी का भला हुआ है क्या? सौत के लड़के को कौन सहन कर सकता है?"

"यह बात तो है। अब तो नाथू सिंह ही मालिक बनकर रहेगा। शुक्र है कि दोनों लड़कियों ने अपने दिमाग से काम लिया और अपने जेवर-वेवर साथ ले गईं। इतना ही मिल सका उन्हें। लड़कियों के साथ तो शादियों के बाद से ही रिश्ता खत्म।"

"यह लड़का गणेश जी का अंश? देखने से तो राक्षस लगता है। अगर वह देव-देवता ही है तो बाप की बीमारी ठीक क्यों नहीं हो रही है?"

"हाँ, बात तो सही कहते हो।"

दोनों कहने लगे, "इतना खाना-पीना, फिर भी ऐसी बीमारी क्यों हुई? बहुओं को नहीं भेजेंगे। नाथू के हाथों अपमानित होंगी।"

डॉक्टर देख-सुनकर, हैरान होते हुए कहता है, "क्या इस हाथी जैसे शरीर पर इतना ज़्यादा खाना?"

लछिमा ने धीरे से कहा, "ताकत बहुत थी।"

"उम्र कितनी है?"

"लगभग साठ।"

"नहीं, यह अच्छी बात नहीं। ब्लडप्रेशर बढ़ने के कारण ही...। बाल-बाल बच गए हैं। हार्ट फेल हो सकता था।"

मेदिनी अटक-अटककर बोलता है, "अंग्रेजी बीमारी मुझे क्यों होगी? जिन्दा देवता मेरे घर में है।"

लछिमा ने कहा, "थोड़ा अच्छा कर दीजिए। ऐसी दवा दीजिए कि मालिक उठकर बैठ सकें, अपना काम-काज सँभाल सकें। घर में केवल छोटा लड़का है।"

"वह तो बाद की बात है। अभी तो काफी दिन तक लेटे रहना होगा। किसी भी तरह की उत्तेजना इनके लिए ठीक नहीं। ऐसा कोई भी खाना मत देना, जिससे चर्बी या ताकत बढ़ती हो। दवाई ठीक समय पर देना।"

"मालिश करने से कुछ फर्क पड़ेगा?"

"नहीं, नहीं, वैसी बीमारी नहीं है।"

लछिमा भारी उलझन में पड़ जाती है। मेदिनी बीमारी में भी मेदिनी ही है। प्रजा के साथ अलग-अलग बन्दोबस्त। किसको क्या देना है, हिसाब रखना होगा।

नाथू सिंह कहता है, "चिन्ता मत करो, भैया! आपकी जमीन की जिम्मेदारी मुझ पर है।"

नाथू के हाथों में अपने हिसाब की बही देखकर मेदिनी सिंह इतना उत्तेजित हो उठता है कि उसे दोबारा दौरा पड़ जाता है।

मेदिनी पूरी तरह से अपंग हो जाता है। बातचीत बन्द हो जाती है और लछिमा नाथू सिंह से कहती है, "सब देखभाल आप कीजिए, मालिक! मुझे कुछ नहीं मालूम। मैं दस रुपया लेती थी महीने में, बस। मैं और नानी खाना-कपड़ा लेती हैं। खाना मिसिर जी पकाते हैं। आप सब काम की देखभाल कीजिए।"

"मुझे पता है। मेदिनी ने भी मुझसे कहा है।"

"मैं केवल मालिक की सेवा करूँगी। अब तो इनका बचपन जैसे फिर आ गया है। हे भगवान्, मैं फिर बँध गई!"

"तुम चली मत जाना, लछिमा!"

"नहीं।"

लेकिन अबकी बार डॉक्टर बुलाने की गरज़ नहीं रही नाथू को। दवाई भी कौन लाए तोहरी से?

आख़िर में लछिमा ने गणेश से कहा, "छोटे मालिक, तुम अपने ससुर से कहो कि डाक्टर ले आएँ। पिता तुम्हारे हैं, उनके नहीं। तुम्हारे लिए अपने मन में कितनी आशा सँजोए हुए थे!"

बारह साल की उम्र में ही सोलह साल का लगता है गणेश। कुत्सित हँसी हँसता हुआ कहता है, "ससुर जी कहते हैं, पिताजी अब ज्यादा दिन नहीं बचेंगे।"

"राम, राम!"

"बहू आएगी, तब देखना, तुम लोगों को कैसे भगाता हूँ।"

"तब मैं खुद ही चली जाऊँगी।"

"मैं क्या करूँगा?"

"इस समय तुम ससुर के पास जाओ। उन्हें बुला लाओ। सुनो छोटे मालिक, अभी भी तुम्हारे पिता जिन्दा हैं और अच्छी तरह से इलाज करवाने से अच्छे भी हो जाएँगे।"

नाथू सिंह के आने पर लछिमा अस्त-व्यस्त कपड़ों में उसके पैर पकड़ लेती है, कहती है, "आप गणेश के ससुर हैं, समाज के प्रधान। हमारे मालिक के बारे में नवागढ़ खबर भिजवाइए। वहाँ जरूर अच्छे वैद्य होंगे। मालिक कहते थे, राजा का इलाज भी वैद्य करते थे। यहाँ कोई ईमानदार जाना-चीन्हा आदमी फसल की देखभाल के लिए लगा दीजिए। नहीं तो सब-कुछ चौपट हो जाएगा मालिक! यह घर अब आपकी बिटिया का ही घर है।"

"बात तो तुम ठीक ही कह रही हो, लछिमा! गणेश इतनी बार हमारे यहाँ आता-जाता है, लेकिन उसने एक बार भी नहीं कहा कि बाप की तबीयत इतनी खराब है।"

"आपको तो सब पता ही है।"

"तो फिर डाक्टर को ही बुलवाता हूँ।"

"ऐसा ही करिए। इलाज का कुछ बन्दोबस्त करिए।"

नाथू के चले जाने पर लछिमा गणेश को भीतर बुलाकर दरवाज़ा बन्द कर देती है। मेदिनी से कहती है, "तुम कुछ मत सोचो, मालिक! तुमने लछिमा को कुछ नहीं दिया, लेकिन अब लछिमा ही तुम्हारी देखभाल करेगी। क्या किया जाए, मालिक!"

फिर गणेश को डाँटकर कहती है, "आज से तुम पिताजी के पास से नहीं हिलोगे। तुम्हारे सिर विपत्ति है। मैं तुम्हारी जात-पाँत की नहीं हूँ, लेकिन बाप की तबीयत खराब होने पर तुम घर का काम सँभालोगे। इलाज मैं करवाऊँगी। तुम अब बड़े हो गए हो। तुम्हारे ससुर तिजौरी में से रुपया क्यों निकालें? पिताजी के सिरहाने चाभी रखी हुई है। चाभी लेकर रुपया तुम निकालो। तिजौरी तुम खोलो, समझे? गिनकर रुपया दोगे, हिसाब लोगे। फसल बेचने का रुपया गिनकर उसमें रखोगे।"

"मैं?"

"तुम्हारा ही सब-कुछ है। क्या मैं हाथ लगाऊँ तिजौरी को? सब-कुछ तुम्हारा है, तुम्हारा। अब मरद के बच्चे की तरह काम सँभालो।"

गणेश ने लछिमा के मुँह से ऐसी बातें पहले कभी नहीं सुनी थीं। लछिमा ने उससे फिर कहा, "हक-नाहक ससुराल नहीं जाओगे, घर पर रहोगे। चारों ओर दुश्मन हैं।"

"समझा।"

"ये सारी बातें किसी और से मत कहना। जाओ, हरोआ को बुलाओ। मालिक को पेशाब करवाएगा।"

मेदिनी अटक-अटककर कुछ कहता है। लछिमा झुककर सुनती है और कहती है, "तुम्हें बताने की जरूरत नहीं। अब तुम जल्दी से अच्छे हो जाओ।"

कुसमय में इस तरह लछिमा मेदिनी की नाव का हाल-चक्का थामती है। उसी कमरे में गेहूँ, मँडुवा, मकई और रबी की फ़सल तुलवाती है। गणेश से लिया हिसाब पूछकर किसानों को पैसे देती है, मेदिनी के सामने। सभी कामों में नाथू से कहती है, "आप आशीर्वाद दीजिए। अगर कभी गलती हो जाए तो समझा दीजिए।"

नाथू पूछता है, "बीमार आदमी को इससे तकलीफ नहीं होती?"

"नहीं। इसी में मालिक की जान है।"

धीरे-धीरे मेदिनी के स्वास्थ्य में सुधार होने लगा। अब वह साफ़-साफ़ उच्चारण भी कर लेता है। थोड़ा दुबला हो गया है, लेकिन शरीर में स्फूर्ति का अनुभव करता है। हरोआ उसके हर काम में उसका साथी और सेवक है।

एक दिन मेदिनी हिसाब लगाता है कि वह छह साल से बिस्तर पर पड़ा है। मिसिर कहता है, "भैया, छै साल लछिमा ने तुम्हारी सावित्री की तरह सेवा की है और गणेश को भी तैयार कर दिया है।"

"हाँ, मुझे पता है।"

"गणेश सोलह साल का हुआ या सत्रह का?"

"सत्रह का," थोड़ा अटककर मेदिनी कहता है।

मिसिर पैर का अँगूठा ज़मीन में रगड़ते हुए कहता है, "परमेश्वर चाहते हैं कि तुम अपना काम करके ही जाओ। इसलिए तुम्हें थोड़ा-सा स्वस्थ कर दिया है।"

मेदिनी प्रश्नसूचक दृष्टि से उसकी तरफ़ देखता है।

"अब बहू को घर में ले आओ। वह आकर अपनी गृहस्थी सँभाले।"

"और लछिमा?"

"भैया! तुम ज्ञानी आदमी हो। अब मैं तुम्हें समझाऊँ? लछिमा और गुलाल ने, खासतौर पर लछिमा ने, जो किया वैसा कर्तव्य आज तक किसी ने किसी औरत को करते नहीं देखा। अपनी जिन्दगी और जवानी गँवा दी तुम्हारी सेवा में। हरोआ ने भी तुम्हारी बहुत टट्टी साफ़ की है और वह आगे भी करेगा।"

"हाँ।"

"लेकिन एक-न-एक दिन सभी का काम खत्म होता है। लछिमा को अगर नहीं छोड़ोगे तो बहू घर में कैसे आएगी? इज्जतदार बाप की बेटी और इज्जतदार बाप के बेटे की बहू ससुर की रखैल के साथ कैसे घर करेगी?"

मेदिनी अटक-अटककर कहता है, "और मेरी देखभाल?"

"बहू करेगी, गणेश करवाएगा।"

"लछिमा को..." मेदिनी की आँखों से आँसू निकल आते हैं। वह रुँधी आवाज़ में कहता है, "गणेश! गणेश कहाँ है?"

गणेश सामने आकर खड़ा हो जाता है।

"गणेश!"

"जी?"

"लछिमा को...।" गणेश बाहर से पहले ही सब-कुछ सुन चुका होता है। कहता है, "क्या दूँ?"

"जो माँगे।"

"ज़ी!"

इसी तरह सब-कुछ सम्पन्न हो गया। नाथू के घर भी ख़बर पहुँची। लेकिन जिस मेदिनी ने लछिमा का जीवन बरबाद कर दिया, उसे ही छोड़कर जाने में लछिमा को सबसे ज़्यादा दुख हुआ।

"क्या करे मालिक? अब हम बहू की जिम्मेदारी में आ रहे हैं।"

हरोआ ने कहा, "मुझे भी ले चल।"

"यह क्या कहता है? मालिक का क्या होगा?"

"तुम्हारा क्या होगा?"

"मेरा? मेरी जिन्दगी कट जाएगी।"

"तुम्हारे बिना मैं इस घर में किसे देखकर जिन्दा रहूँगा?"

"ऐसी बात मत बोल, हरोआ!"

"क्यों न बोलूँ? यह सच्चाई है।"

गुलाल ने कहा, "हरोआ जैसा कहता है, वही कर।"

"कैसे करूँ? पहले तूने मुझे गिरवी रखा मालिक के पास। मालिक ने अट्ठारह साल अपने कब्जे में रखा। सोना नहीं, चाँदी नहीं। महीने में दस रुपया और तीन बीघा जमीन। मोहर से शादी नहीं करने दी, उसे भगा दिया। खुद बीमार पड़ा। चिड़िया जैसे घोंसला सँभालती है, वैसे मैंने सारी गृहस्थी सँभाली। अब मैं बूढ़ी हो गई हूँ। दो साल बाद मैं चालीस की हो जाऊँगी। हरोआ अभी भी जवान है। वह किसी से भी शादी कर सकता है। मैं गणेश से कह दूँगी।"

"वह तुझे चाहता है।"

"मैं मुर्दा, महकती लाश हूँ, समझी?"

"लेकिन...!"

"तू इतनी परेशान क्यों है? तू बुढ़िया गिद्धनी मरेगी नहीं क्या? लछिमा को मालिक के पास इतने साल गिरवी रखकर जीती रही। अब सोच रही है कि हरोआ

जमीन जोतेगा और तू कन्धे पर चढ़कर खाती रहेगी? इस घर से मैं निकलूँगी, लेकिन पहले तुझे भगाऊँगी या खुद कहीं चली जाऊँगी। मुझसे अब नहीं होता।"

बुझा हुआ चेहरा लिये लौट गई गुलाल। लछिमा ने मेदिनी के सामने ही गणेश को बुलाया। कहा, "एक दिन बैठकर रुपये-पैसे का हिसाब मिला लो, छोटे मालिक! कपड़ा, लत्ता, रजाई, कम्बल—सबका हिसाब कर लो। मेरे रहते-रहते सारा हिसाब हो जाना चाहिए।"

गणेश पहले तो कुछ देर गुम खड़ा रहा और फिर बोला, "क्यों?"

"क्यों, तुम नहीं समझते?"

"नहीं, तुम्हारे साथ कोई हिसाब नहीं है।"

"चले जाने के बाद अगर हिसाब माँगा तो?"

"कहाँ जाओगी?"

"अपने घर।"

"खाओगी क्या?"

"तीन बीघा जमीन में जो होगा, वही खाएँगे।"

"पिताजी की देखभाल कौन करेगा?"

"तुम्हारी दुलहन और तुम।"

"पिताजी मर जाएँगे।"

"मेरे रहने पर बहू नहीं आएगी।" लछिमा ने जल्दी-जल्दी साँस ली। उसकी आँखें लाल हो गईं, "किस तरह मैंने तुम्हें पालकर बड़ा किया, तुम्हारे पिता की सेवा की—धरम जानता है! छोटे मालिक, आज मेरे रहने पर बदनामी होगी। बहू नहीं आएगी तो मुझे जाना ही पड़ेगा।"

"पिताजी जब तक जीवित हैं...।"

"क्या मालिक नहीं देखेंगे कि घर में दुलहन आ गई है?"

"महीने में दस रुपये के अलावा तुम...तुम और जो लेना चाहती हो, ले लो। पिताजी ने कहा है कि तुम जो कुछ भी माँगो, देने के लिए तैयार हैं।"

"मुझे कुछ भी नहीं चाहिए।"

लछिमा ज़ोर-ज़ोर से सिर हिलाते हुए कहती है, "देखो, मालिक के लिए मैंने जवानी और जिन्दगी खत्म कर दी। मालिक ने आज तक कोई भी अच्छा कपड़ा,

रुपया, सोना-चाँदी, सामान-बर्तन नहीं दिया। कोई बात नहीं। छोटे मालिक, तुमको मैंने पाल-पोसकर बड़ा किया, तुमने मुँह से कहा, यही काफी है।"

मेदिनी उत्तेजित होकर कहता है, "रुपया! रुपया!"

लछिमा समझी कि मेदिनी चाहता है कि वह रुपया ले ले। गणेश से कहती है, "इस वक्त ऐसी बातें मत उठाओ, छोटे मालिक! मालिक सोचेंगे, बोलेंगे तो उनकी तबीयत खराब होगी।"

गणेश बाहर निकल जाता है।

मेदिनी फिर कहता है, "रुपया! सोने की हँसली!"

लछिमा अक्षम्य जलन-भरी धीमी आवाज़ में कहती है, "रुपया! हँसली! तुमने मुझे जिस तरह बरबाद किया है, उसके एवज में कितना सोना दोगे, कितना रुपया दोगे? नहीं, मैं कुछ भी नहीं लूँगी! जो कुछ सहना था, मैंने सह लिया। तुम और भी काफी दिनों तक जीवित रहो, मालिक! बहुत सुख भोगा है, अब रोग भी भोगो। लो, दवाई पियो। हरोआ, इधर आओ। मालिक पेशाब करेंगे।"

मिसिर, गुलाल, यहाँ तक कि नाथू सिंह ने भी कहा, "मालिक जब देना चाहते हैं तो ले लो, लछिमा! तुम्हारी जीवन-मृत्यु, सुख-दुख के मालिक हैं वह। तुम्हें ले लेना चाहिए। नहीं तो मालिक दुखी होंगे।"

लछिमा ने कहा, "इस उमर में अब मेरी कोई इच्छा नहीं है। मालिक के घर मुझे नानी ने भेजा था। हम छोटी जात के आदमी हैं। दस रुपये महीने मिले, तीन बीघा जमीन मिली। कपड़ा-लत्ता, खाना-पीना मिला। गणेश को सब-कुछ पता है। कभी मकई का एक दाना, एक पैसा या एक बर्तन भी इधर से उधर नहीं होने दिया।"

नाथू ने कहा, "तुमने इतनी सेवा की, उसका भी तो कुछ प्रतिदान लेना चाहिए।"

"नहीं मालिक, माफ कीजिएगा।"

इस तरह लछिमा सबको स्तंभित कर देती है—गणेश को भी। वह कहता है, "गुलाल को जाने दो। तुम यहीं रह जाओ।"

"यह कैसे हो सकता है, छोटे मालिक!"

मिसिर मुहूर्त निकालकर लछिमा के जाने का बन्दोबस्त करते हैं। शुभ मुहूर्त में नाथू की लड़की इस घर में आएगी।

लछिमा कहती है, "बहू आएगी, मालिक के लिए खुशी के दिन हैं। देवता हो तुम, गैबीनाथ में पूजा-वूजा चढ़ाने का बन्दोबस्त करो। हाय राम! इन सब बातों का खयाल तो तुम्हें भी होना चाहिए। मैं तो जा रही हूँ, तुम तो यहीं हो!"

मिसिर आश्चर्य प्रकट करते हुए कहता है, "घर में औरत रहने से जैसे उसके दिमाग में हमेशा परिवार के कल्याण की चिन्ता रहती है, उसी तरह तू भी हमेशा इस परिवार की फिक्र में पड़ी रहती है। मैं तो सोच भी नहीं पा रहा हूँ कि तू अब नहीं रहेगी।"

"बस, बस देवता! अब आप पूजा की चिन्ता करें।"

"क्या करूँ?"

"घर में कौन-सा सामान मौजूद नहीं है? नई तकड़ी में घी, तेल, चावल, गुड़, दाल तुलवाओ। डलिया सजाओ। ब्राह्मण को देना होगा।"

"हम भी ब्राह्मण?"

छि: देवता! गैबीनाथ के पुजारी जी को मिलेगा यह चढ़ावा।"

"और?"

"मिठाई, फल और नया कपड़ा भी भिजवाओ।"

"कौन ले जाएगा?"

"हरोआ को लेकर तुम खुद जाओ, पूरा मकान मैंने लीप-पोत दिया है। पुताई तो अभी हाल ही में हुई है। और क्या?"

"हिसाब?"

"क्या हिसाब तुम्हें देना पड़ेगा, देवता? अभी तो मालिक जिन्दा हैं। उनके लड़के से सारी बातचीत हो गई है।"

लछिमा फीकी हँसी हँसकर कहती है, "जाऊँगी अपना कपड़ा-लत्ता और नानी के बर्तन लेकर। गणेश देख लेगा। और हाँ, बहू के आने पर उसके हाथ से भी पूजा चढ़वा देना। मालिक ऐसा ही चाहते थे।"

सभी कुछ, शुभ कार्य की तैयारी ठीक-ठाक होती है। लछिमा और गुलाल मेदिनी के कमरे में आ खड़ी होती हैं। लछिमा कहती है, "मालिक, अपने घर जा रही हूँ। बीस साल तक तुम्हारी सेवा की। कोई गलती हुई हो तो माफ करना। हम छोटे लोग बड़े घर के रीति-रिवाज अच्छी तरह नहीं जानते थे। यहीं से आपको प्रणाम करती हूँ।"

गणेश को भंडार की चाभी देती है और कहती है, "मेरे लिए यही गर्व की बात है कि मैंने तुम्हें बचाया, बड़ा किया, छोटे मालिक! पिताजी का खयाल रखना। तेज आदमी थे। अब तो बच्चे जैसे हो गए हैं।"

"चलो, मैं भी चलता हूँ।"

"नहीं, छोटे मालिक! मालिक को अकेले मत छोड़ना, डर जाएँगे।"

माहौल उदास और एकाकी हो जाता है। गणेश की दुलहन आती है। कुछ सामान और दो दासियों को लेकर। नाथू सिंह साथ में आता है।

घर में मन नहीं लगता लछिमा का। गुलाल को मर्ज़ी का खाना पकाने को कहकर नहाने गई थी तालाब पर दूसरे दिन और वहीं पर हरोआ उसे बुलाने आता है और कहता है, "जल्दी करो!"

"क्यों, क्या हुआ?"

"मालिक ने तुम्हारा नाम पुकारा और फौरन पलट गए। बस, फिर होश नहीं, आँखें भी पलट गई हैं।"

"तुझे किसने भेजा है? गणेश ने?"

"और कौन भेजता?"

"मालिक हैं या नहीं?"

"कैसे बताएँ?"

"चलो, मैं आती हूँ। गणेश के ससुर?"

"सभी हैं।"

"फिर मैं कैसे आऊँ?"

"नहीं चलोगी?"

"चलो, चलती हूँ।"

उसे हवेली तक नहीं जाना पड़ा। रोने की आवाज़। बहू रो रही है। ऐसे में सभी रोते हैं। एक के बाद एक सभी राजपूत मालिक उधर जा रहे हैं। लछिमा हरोआ से कहती है, "गणेश कहाँ है? उसे बुलाओ।"

गणेश नहीं आया। बाप के पास बैठा है। लछिमा को बुलाता है, लेकिन लछिमा वहीं से लौट आती है।

मेदिनी सिंह का दाह-संस्कार और क्रिया-कर्म काफ़ी शान-शौक़त से हुआ।

गुलाल उन दिनों वहीं रहती है। श्राद्ध की पूरी मिठाई खाकर भी उसका जी नहीं भरता, घर भी ले आती है। कई दिनों तक खाती रहती है। परिणामस्वरूप उसे उल्टी और टट्टी लग जाती है और वह मर जाती है।

उन्हीं दिनों बिगुलाल की गाय अचानक एक दिन गजमोती सिंह के बगीचे में घुसकर, खाद के गड्ढे में मुँह के बल गिरकर गरदन टूटने से मर जाती है।

दुसाध लोग फ़ॉरेस्ट कर्मचारियों की बहुत दिनों की लापरवाही का फ़ायदा उठाकर अपनी झोंपड़ियों के चारों ओर नागफनी की बाड़ का घेरा डाल लेते हैं।

गणेश एक नये रूप में उजागर होता है। उसके घर गजमोती सिंह आते हैं, मिसिर से अपने बाग़ में गाय मरने के प्रायश्चित्त का विधान जानने के लिए।

गणेश कहता है, "चाचाजी, इस गाँव में रहते हुए, यह अनाचार नहीं होने दूँगा। आप इस उम्र में भी पाप किये जा रहे हैं। उन्हें रोकने के लिए ही भगवती आपके बगीचे में आकर मरी है। प्रायश्चित्त करिए और प्रायश्चित्त के साथ सभी पाप-कार्य छोड़ दें। नहीं तो आपका सर्वनाश हो जाएगा। पाप का फल क्या अच्छा हो सकता है?"

गजमोती सिंह को याद आता है कि गणेश साधारण लड़का नहीं है। गणेश फिर कहता है, "मुसलमानी दोष के कारण समाज में आपकी इज्जत नहीं। यह सब-कुछ छोड़ दीजिए। अपनी इज्जत बढ़ाइए। जमाना बहुत खराब है।"

गणेश बड़ा ज़बरदस्त मालिक सिद्ध होता है।

मिसिर से कहता है, "देवता हैं आप, पिताजी के बन्दोबस्त के अनुसार आप यहीं रहेंगे, लेकिन हक-नाहक अन्दर नहीं आएँगे। आप बुजुर्ग आदमी हैं। आपको हम सीधा दे दिया करेंगे। अपना खाना खुद बना लीजिएगा। बुरा मत मानिएगा, देवता! अभी आप अपने पूजा-पाठ में रमिए। रोज रामायण पढ़िए। पिताजी को तो आप सुनाते रहे हैं। घर में धरम-ग्रन्थ का पाठ होते रहने पर परिवार का ही मंगल होगा। मुझसे कोई गलती हो तो बताइएगा।"

नाथू मिसिर से पूछता है, "घर का हाल कैसा है?"

गणेश सब-कुछ को बदल रहा है।

बहू के लिए हुक्म जारी होता है, "पीहर से आई नौकरानियों के साथ लछिमा को लेकर कोई बात न करे बहू। पिताजी ने जो भी किया, अच्छा किया। इस

घर में लक्ष्मी की कृपा बनी रहने का कारण लछिमा और गुलाल का कठोर परिश्रम है।"

कोई गप्पबाज़ी नहीं, अड्डेबाज़ी नहीं। केवल काम देखना चाहता है गणेश। उसका सबसे ज़रूरी आदेश यह है कि बिना आज्ञा के पीहर नहीं जाओगी।

हरोआ भंडार में नौकर बन जाता है। हवेली के भीतर पुरुष किसानों का जाना भी बन्द हो गया।

एक दिन मिसिर ने गणेश से कहा, "गणेश! लछिमा तुमसे कुछ कहना चाहती है। सामने मैदान में खड़ी है।"

गणेश गया। लछिमा पेड़ के नीचे खड़ी थी। कुछ दुबली हो गई थी। गालों पर कालिख। गणेश के दिल में एक अजीब-सी अनुभूति होती है। इसी एक शख़्स के सामने वह जितना सहज महसूस करता है, उतना ही अधिक असहज भी।

"बहुत धूप है, छोटे मालिक! मेरे घर चलो।"

"चल।"

अपने कमरे में गणेश को बिठाती है। पंखा झलते हुए कहती है, "गुड़ का शरबत बना दूँ? और क्या दूँ तुम्हें? घर में तो कुछ भी नहीं।"

"गुलाल मर गई। तुम अकेली यहाँ किस तरह रहती हो?"

"क्या किया जाए!"

"पहले हरोआ यहाँ सोने आता था।"

"अब यह कैसे हो सकता है, छोटे मालिक?"

बहुत-कुछ पूछती है लछिमा उससे। बहू उसकी देखभाल भी करती है या नहीं? मालिक की बरसी पर क्रिया-कर्म, मान-दान से होनी चाहिए। लछिमा ने एक बार सुना था कि गणेश गयाजी जाने को कह रहा था। अगर वह वहाँ जाए तो पिता के साथ माँ की क्रिया भी कर आए; इस लड़के को उसने बड़ा किया है—कहानी की तरह लगती हैं सारी बातें।

"कुछ कहना चाहती हो? कहो।"

लछिमा अचानक हाथ जोड़कर हाथ पसारती है और कहती है, "छोटे मालिक, मालिक के कहने पर भी मैंने कुछ नहीं लिया। मैं तुम्हारी नौकरानी हूँ। फिर भी तुम मेरे बेटे के समान हो। तुमसे भी मैंने कभी कुछ नहीं लिया। आज माँग रही हूँ।"

"क्या माँगती हो, कहो? तुम तो कुछ भी नहीं लेती हो।"

"रुपया नहीं, सोना नही? शरम की बात है।"

"क्या है, बोलो ना!"

"अकेले नहीं रह सकती, मालिक! बहुत डर लगता है। तुम लोगों का खयाल आ जाता है। वह हरोआ मुझसे शादी करना चाहता है। डर के मारे तुमसे कह नहीं पा रहा। मैं वही कहना चाह रही थी।"

गणेश बहुत आहत होता है। लछिमा समझ जाती है।

सूखी आवाज़ में कहती है, "अगर तुम मेरी जिम्मेवारी उठा लेते तो मैं यह बात नहीं कहती। अगर मैं नानी की तरह बूढ़ी होती तो भी नहीं कहती। तुम मेरी देखभाल करते तो कोई बात ही नहीं थी। मुझे अपने में वे चैन से नहीं रहने देते, मालिक! नहीं-नहीं, चौंको मत, मालिक! वे किसी अन्य जाति के नहीं, करण या दुसाध नहीं, बल्कि वे सभी राजपूत-मालिक हैं। सोचते हैं, मेदिनी सिंह जब जिन्दा नहीं..."

लछिमा रोने लगती है।

"तुम उनका नाम बताओ। नाम क्यों नहीं बताती?"

"नहीं, नहीं। दुश्मनी हो जाएगी सबसे। मेरे लिए तुम दुश्मनी क्यों मोल लोगे जात के लोगों से?" हाँ, मेदिनी सिंह ने जरूर कहा था कि बहू आने पर तू चली जाएगी। पर वे मुझे भेजना नहीं चाहते थे। तुम यह सब-कुछ जानते ही हो!"

"जानता हूँ, लेकिन क्या किया जाए, लछिमा?"

"तुम अपनी घरवाली को लेकर रहो। बहू मेरा वहाँ रहना पसन्द नहीं करेगी। वैसे यह ठीक भी नहीं है।"

"मैं मिसिर से बात करके बताऊँगा।"

"अपनी जमीन वापस ले लो, मैं भिखारिन ही ठीक।"

मिसिर कहता है, "यह धरम की बात होगी, गणेश! उसी के लिए तुम्हारे पिताजी...तुम तो सब-कुछ जानते हो। मोहर वाली घटना तुम्हें याद होगी?"

सब-कुछ समझाता है मिसिर। लछिमा से कहता है, "तुम्हें नाम क्या बताऊँ! बताने से फायदा भी क्या है? तुझे उठा ले जाएगा।"

लछिमा कहती है, "उठा ले जाने पर मुझे बचाएगा कौन? और वही जिन्दगी! फिर एक बार मालिक के साथ रहना करम में लिखा था। जो हुआ सो हुआ,

लेकिन अब नहीं। पर बचूँ कैसे? शादी कर लेना ही ठीक रहेगा! हरोआ जैसे वहाँ काम करता है, करता रहे। छोटे मालिक उसे थोड़ा समय दे दें। मेरी जमीन की देखभाल कर देगा। रात को मेरे पास रहेगा। हरोआ मालिक का आदमी है, इसीलिए मेरी तरफ कोई आँख भी नहीं उठा सकेगा। मुझे तो और कोई राह नहीं सूझती।"

फिर कहती है, "देवता, तुम लोग कहते हो, मैंने छोटे मालिक की माँ का काम सँभाला। खून का रिश्ता है? नहीं तो आज मुझे ऐसी बात करने की जरूरत पड़ती? बुढ़िया भी मर गई। वह रहती तो कोई बात ही नहीं थी।"

"यही सही रास्ता है।" गणेश कुछ-कुछ राज़ी होता है।

नाथू सिंह भी इस सुझाव को उत्साह से सहमति प्रदान करता है। तभी गणेश को सन्देह होता है कि शायद रामरूप लछिमा पर निगाह रखने वालों में से एक है। रामरूप की उम्र ज़्यादा नहीं है। पता नहीं क्यों, नीची जाति की ज़रा ज़्यादा उम्र की औरतों की तरफ़ उसका आकर्षण ज़्यादा है। मिसिर कहता है, "खराब राशि-नक्षत्र में पुत्र धारण करने से ऐसा पुत्र पैदा होता है।"

इस तरह हरोआ और लछिमा की शादी हो जाती है। गजमोती सिंह कहता है, "यह बड़ा अच्छा काम किया, गणेश!" मेदिनी तो लछिमा की शादी करवाना चाहता नहीं था, इसलिए गणेश ने अपनी धाय-माँ की शादी करा दी।

यह काम अच्छा हुआ या बुरा, जानने के लिए होली तक इन्तज़ार करना पड़ेगा। भंगी लोग स्वाँग रचाते हैं और गणेश की महिमा बखानते हैं। गणेश गजमोती सिंह को राह पर लाया, लछिमा की गृहस्थी बसाई। भंगी लोग गणेश के सामने गाना गा-गाकर चावल और रुपया वसूल करते हैं। गणेश ख़ुशी के साथ चावल देता है, जेब से रुपया निकालकर देता है। उसके बाद कहता है, "चलो-चलो, आगे बढ़ो!"

उम्र में काफ़ी छोटा है वह बहुतों से। लेकिन चेहरा भीमकाय है। तकिये का सहारा लिये बैठा अतिथियों से कहता है, "उस बार पिताजी को गालियाँ दी थीं, अबकी बार मुझे ऊपर उठा दिया। गजमोती चाचा को नीचे उतारा। इतनी हिम्मत उनमें कहाँ से आती है?"

रामरूप कहता है, "भैया, यह उनका जन्म का हक है।"

"यह हक दिया किसने?"

गजमोती सिंह को शरम-हया थोड़ी कम है। कहता है, "हमेशा से छोटी जात को सही बात कहने का हक रहा है। अयोध्यापति रघु राम ने तो धोबी के कहने पर सीता को वन में भेज़ दिया था।"

"कहाँ राम? कहाँ अयोध्या? यह तो बाढ़ा गाँव है।"

"क्या कहता है तू, बेटा?"

"भंगियों को भगा देंगे गाँव से।"

"संडास साफ कौन करेगा?"

"संडास तोड़ दीजिए सभी लोग।"

"लेकिन बेटा, अन्दर वाले थोड़े मानेंगे।"

"संडास नहीं था तो क्या कोई टट्टी नहीं फिरता था? भगवान ने इतने खेत-मैदान किसके लिए दिये हैं?"

चन्द्रभान ने कहा, "फिर गाँव में अफसर लोग नहीं आएँगे।"

गणेश ने कहा, "मैं कोशिश करूँगा, उन्हें दबाकर रखने की। गाना बनाओ, स्वाँग रचाओ। लेकिन, मालिकों को छोड़कर। मालिक मालिक हैं।"

"बेटा, ऐसा काम अगर कर सको तो तुम्हें राजपूत समाज का सिरमौर बना देंगे। तुम दामाद हो, उस पर देवता का अंश। मेदिनी भैया अगर बीमार न पड़ते तो वही सिरमौर होते। तुमको मैं अपना पद दे दूँगा।" नाथू सिंह ने भंग की मौज में आकर कहा।

चन्द्रभान बोला, "लेकिन गणेश, इस समय आजादी की सरकार है और गांधी मिशन के कर्मचारी तोहरी में अड्डा जमाए बैठे हैं। वे भंगियों को मदद भी देते हैं।"

"ये तो कानून की बात है। आज की अवस्था है। कानून और सरकारी हुकूमत बाढ़ा से कोसों दूर है। दूर ही रहेगी। जब पास लाने की जरूरत महसूस करेंगे, ले आएँगे। हममें एका होना चाहिए—बस। और कुछ नहीं चाहिए। जमीन हमारी है, रुपया हमारा है। लाठी सँभालने के लिए नौकर भी मौजूद हैं।"

चन्द्रभान बोला, "देखो!" उसकी आवाज़ में झिझक थी।

नाथू बोला, "जो कुछ भी करो बेटा, रामरूप को साथ रखकर करना। अच्छी तरह समझ लो, वह भी तुम्हारे भाई जैसा ही है और उसके बारे में कहें क्या? नामर्द,

बेवकूफ है एक ही। तुम्हारे साथ रहने से अगर मर्दों की-सी रीतकरण सीखे...मेरे पिताजी ने तो लाड़-प्यार देकर उसका सत्यानाश कर ही दिया है।"

पाँच

काफ़ी दक्षता से आगे बढ़ता है गणेश। होली आने पर रबी उठाने के बाद पहली बार गाँव के राजपूत-समाज के लोग एक साथ मिलकर काली की पूजा करते हैं। कहते हैं, काली की पूजा कभी भी की जा सकती है। वैसे भी रिआया मालिकों को उत्सव के लिए चन्दा और बेगार देती है। इस बार भी देती है। यह घटना नई है। इसलिए वे बातें भी बनाते हैं कि क्या हर बार ही ऐसा होगा? यह पूजा, यह बलि, यह धूमधाम?

काली-पूजा के उपलक्ष्य में, बाढ़ा में, तोहरी से स्टेशन मास्टर, दरोगा जी, सरकारी डॉक्टर, लकड़ी के ठेकेदार—सभी आते हैं। यहाँ तक कि बी.डी.ओ. साहब भी। काली की मूर्ति राँची से आती है।

"काली-पूजा बंगाली लोग ज्यादा करते हैं," यह कहने पर सरकारी डॉक्टर झाड़ खाते हैं।

दरोगा जी कहते हैं, "यह कैसी बात कहते हैं आप! इसमें प्रादेशिकता मत लाइए। काली शक्ति का रूप है, विश्व की माँ है। क्या केवल बंगाल में उनकी पूजा होती है? क्या और जगहों पर नहीं होती?"

ख़ूब आवभगत, आदर-सत्कार, भेंट-उपहार। एक मांसल खस्सी साथ लेकर जाते हुए बी.डी.ओ. कहते हैं, "सभी कुछ समझ आया, लेकिन यह बात समझ नहीं आई कि ये लोग किस किस्म की मदद माँगने वाले हैं। इधर किसी तरह की गड़बड़ के बारे में तो नहीं सुना।"

"कैसी गड़बड़?" दरोगा ने इस बात को कोई महत्त्व नहीं दिया।

"अजीब इलाका है!"

"क्यों?"

"ये स्कूल नहीं चाहते, हेल्थ सेंटर नहीं चाहते।"

"खेती के काम में लिखाई-पढ़ाई कहाँ लगेगी? शायद यहाँ लोग बीमार भी नहीं पड़ते। शान्तिपूर्ण इलाका है।"

"शान्तिपूर्ण ही रहे तो अच्छा है।"

"स्कूल या हेल्थ सेंटर की माँग ये तभी करेंगे, जब आसपास के इलाके में स्कूल-हेल्थ सेंटर देखेंगे। तब जरूर कहेंगे—कुल भूमिहारों, बनियों, कायस्थों के इलाकों में ये सब हुआ है। हमें भी अवश्य चाहिए। कहीं कुछ मत कीजिए। शान्ति से रहिए। आप लोग ब्लॉक-ब्लॉक में जाकर विकास के बहाने ये सब गड़बड़ियाँ पैदा करते हैं।"

"बात तो सही है।"

"क्या जरूरत है इतने कुएँ खुदवाने की, नहरें और सड़क बनाने की! मुझे तो समझ में नहीं आता। देखिए चौधरी जी, जो इलाका जितना पिछड़ा रहेगा, वहाँ के गाँव वाले भी उतने ही नरम और सरल रहेंगे। थाने से डरेंगे। विकास होने से वे सब बिगड़ जाएँगे। मालिक भी बिफर जाएँगे। उस सूरत में हमें मुसीबत का सामना करना पड़ सकता है। भारत के गाँवों की उन्नति करना ठीक नहीं है।"

"वह गणेश सिंह कौन है?"

"बाप रे बाप! एक दाँत लेकर जन्मा था। देवांशी लड़का है। उनका समाज उसके नेतृत्व में आ रहा है। दूसरे राजपूतों को भी तो उसके बाप ने ही लाकर बाढ़ा गाँव में बसाया था। बड़ा जबरदस्त आदमी था।"

"उसे सभी लोग काफी मानते हैं।"

"हाँ, काफी मानते हैं।"

बहुत जल्द गणेश अपने-आपको भंगियों और दुसाधों का शुभाकांक्षी प्रमाणित करता है।

हैज़े के मौसम में कहता है, "सरकारी गाड़ी आने पर तुम सभी लोग टीका लगवा लेना। तुम्हीं लोगों को हैजा होने का ज्यादा डर होता है। हैजा होता भी है।"

"आप लोग मालिक हैं?"

"हम लोग? जिस घर में पूजा-वूजा होती है, उस घर में हैजा घुस सकता है? भगवान का परसाद है न?"

"हम लोग भी पूजा चढ़ाएँ देवता को?"

"जैसा ठीक समझो।"

नया कुआँ खुदवाने के लिए मिस्त्री की खोज में गणेश तोहरी आया था। बी.डी.ओ. से कहता है, "इन लोगों की भलाई कौन करेगा? हैजे का सरकारी टीका लगवाने को कहा तो कहने लगे—हम देवता पूजेंगे, हमें बीमारी नहीं होगी।"

"अपनी भलाई की बात खुद नहीं समझते।"

बी.डी.ओ. को विश्वास हो जाता है कि गणेश बुरा आदमी नहीं है।

अपनी गौशाला से गणेश एक बूढ़ी गाय चुनता है और उसे भंगी टोले के पास छोड़ देता है। सभी के ढोर चरने की जगह रस्सी के सिरे पर एक भारी पत्थर बाँध देता है। पत्थर खींचती हुई गाय ज़्यादा दूर तक नहीं जा सकेगी।

हरोआ अभी भी उसके पास काम करता है। हरोआ कहता है, "मालिक, सफेद गाय को क्या छोड़ दिया आपने?"

"क्या करूँ, हरोआ? बूढ़ी हो गई है, दूध देती नहीं। चर-वर के खा ले तो ठीक है। इसीलिए छोड़ दिया है।"

"भंगियों को तो जानते हो मालिक, वह मंगालाल बहुत ही हरामी है। छोड़ी हुई गाय मिल जाए तो जहर देकर मार डालता है। उसका चमड़ा बेचता है और बाकी भागाड़ में डाल देता है।"

गणेश चाहता भी यही है। कहता है, "ऐसा कर सकते हैं क्या? हिम्मत है उनमें? मेरी सभी गायें दगी हुई हैं। उनके बदन पर निशान लगे हैं।"

हरोआ बात को आगे नहीं बढ़ाता। लछिमा से घर जाकर कहता है, "गाय-भैंस के बूढ़े होने पर मालिक लोग उन्हें छोड़ देते हैं हमेशा ही। अबकी बार सफेद गाय को पत्थर बाँधकर भंगी टोले के पास क्यों छोड़ा है? ऐसा तो नहीं करते हैं।"

लछिमा बोली, "बेचारी प्यास से मर जाएगी।"

"राम-राम! गौ-माता भगवती समान होती है।"

"तुम चुप रहो। फालतू बात मत करो। अभी तुम गणेश के नौकर हो। वह क्या अच्छा करता है, क्या बुरा—कुछ मत कहो।"

"नहीं, मैं कुछ नहीं कहूँगा।"

"तुम्हें जरूरत ही क्या है?"

"नहीं, कोई जरूरत नहीं।"

गणेश के यहाँ हरोआ का काम करना लछिमा को अच्छा नहीं लगता। हरोआ उसके यहाँ केवल ख़ुराकी पर काम करता है। लछिमा को यह नहीं पता है कि हरोआ पर गणेश के अधिकार की वजह क्या है। बेशक हरोआ की ख़ुराक काफ़ी ज़्यादा है। यह बात माननी पड़ेगी कि मेदिनी सिंह और गजमोती सिंह के यहाँ ख़ुराकी पर काम करने वाले किसानों को खाना अच्छा दिया जाता है। मेदिनी सिंह कहा करता था कि दूध देने वाली गाय-भैंसों, गाड़ी और हल के बैलों और किसान-मज़दूरों को जो अच्छी तरह खाना नहीं देता, वह यह नहीं जानता कि उसकी भलाई किसमें है! इसलिए उसके यहाँ हरोआ को अच्छी तरह खाना मिलता है।

लछिमा उससे पूछ-पूछकर सभी बातें जान लेती है। गणेश की दुलहन का गृहस्थी पर कोई ज़ोर नहीं है। हरोआ को अनपका सीधा मिलता है। मिसिर को भी सीधा मिलता है। गणेश की दुलहन केवल अपने, गणेश और दो नौकरानियों के लिए खाना पकाती है। दुलहन को रोज़ गणेश के पैर दबाने पड़ते हैं। यह बात हरोआ को नौकरानी ने बताई है।

खाना खाते-खाते हरोआ कहता है, "मिर्च से काफी फायदा है। अबकी मिर्च लगाऊँगा। मालिक भी मिर्च लगाएगा।"

"लगा सकते हैं, इतनी ज़मीन है। हमें इतने फायदे की जरूरत ही क्या है? दो जने हैं। दुख-सुख में जीवन बीत ही जाएगा।"

"दिल चाहता है, लछिमा...!"

"अब तक सुनती रही हूँ कि तुम्हारा दिल मुझे चाहता है। लेकिन अब सुन रही हूँ, दिल मिर्च चाहता है। कैसा है तुम्हारा मन?"

"अबकी बरसात से पहले अपने घर की मरम्मत करेंगे। तभी पपीते का पेड़ लगाएँगे।"

"लगा लेना। सुनो, भंगी लोग हर रोज तोहरी जाते रहते हैं। उनसे कह देना कि फल वाले की दुकान से पेड़ के पके पपीते का बीज ले आएँ।"

"अमरूद और शरीफे का पेड़ भी लगाएँगे।"

“चलो छोड़ो। अब सो जाओ।”

हरोआ की चाह है—सजी हुई साफ़-सुथरी गृहस्थी में रहे। शायद ज़िन्दगी में उसने कभी कुछ नहीं पाया जिसे अपना कह सके। वह पेड़ों की देखभाल करना जानता है, झोंपड़ी बाँधना जानता है, गाय-भैंस का इलाज जानता है। भैंस के बच्चे को कन्धे पर उठाकर चल सकता है वह। हट्टा-कट्टा जवान आदमी। चाहता तो गणेश की नौकरी छोड़ सकता था। रबी की फ़सल के बदले मिर्च लगाना चाहता है। नगद पैसा मिलेगा। क़र्ज़ की बही से न बँधे होने पर भी वह जन्म-दास है।

लछिमा सो जाती है।

मंगालाल को गाय मारनी नहीं पड़ी। प्यास से उसकी गरदन लम्बी हो गई और वह मर गई। मंगालाल केवल उसे खींच ले गया।

यह काम उसने पहले भी बहुत बार किया है, इसलिए भिखारी गंजु की सहायता के बिना ही वह उसकी चमड़ी उतार लेता है। चमड़े पर राख और नमक लगाकर सुखाने को डाल देता है।

शव को भागाड़ में फेंक देता है।

फलस्वरूप थाने से कांस्टेबल आता है और मंगालाल को पकड़कर गणेश की हवेली में ले आता है। दरोगा भी मौजूद थे वहाँ। चमड़ा मंगालाल को ही ढोकर ले जाना पड़ता है।

गाय के मरने के बारे में मंगालाल जो भी बातें कहता है, दरोगा उसकी एक भी बात नहीं सुनते। मंगालाल को पेशी में देखने के लिए अन्य भंगी लोग भी आते हैं। वे भी कुछ कहने की कोशिश करते हैं।

दरोगा बार-बार सिर हिलाते हैं। गणेश जैसा व्यक्ति जब यह कह रहा है कि यह आदमी उसकी गाय चुराकर ले गया है, उसने उसे चमड़े और हड्डियों के लालच में मार डाला है तो बात झूठी नहीं हो सकती।

“हुजूर, मालिक लोगों को पसन्द नहीं कि हम भागाड़ का काम करें। इसलिए ऐसा कहकर हमारी बदनामी कर रहे हैं।”

दरोगा परेशान होकर कहता है, “भागाड़ का काम तो तुम लोग करते हो, बाप मेरे! कभी किसी मालिक ने तुम्हारी शिकायत की है? हैजे का टीका लगवाने का इन्तजाम करने, मालिक भागा-भागा तोहरी गया था, क्या इसीलिए?”

"लेकिन हुजूर...!"

दरोगा मंगालाल को पकड़कर ले जाने की धमकी देता है। भंगी लोग घबरा जाते हैं। मंगालाल ने इससे पहले भी कई बार बेकार गायें-भैंसों को इस तरह ख़त्म किया है, तब तो कुछ नहीं हुआ था लेकिन इस बार क्या से क्या हो गया! वे लोग टट्टी उठाना बन्द करके मालिक लोगों को तंग कर सकते हैं। यह तरकीब भंगियों के दिमाग़ में नहीं आती। थाना-पुलिस इनके लिए सर्वशक्तिमान होते हैं।

गणेश दरोगा से कुछ कहता है। दरोगा को आने-जाने का मानदेय मिल जाता है और वह ख़ुश हो सिर हिलाते हुए मंगालाल को लेकर चला जाता है। दरोगा गणेश के पक्ष में कहते जाते हैं, "गाय को मारने के लिए जेल काटनी पड़ेगी। गाय के बदले तुझसे जेल में तेल का कोल्हू चलवाऊँगा।"

सुनकर मंगालाल रो पड़ता है। रोते-रोते ही वह चला जाता है। भंगी लोग उस वक़्त तो चुपचाप चले जाते हैं, लेकिन शाम को मंगालाल का बड़ा भाई, बीवी और लड़का आते हैं।

आँगन में खड़े होकर कहते हैं, "माफ कर दो, मालिक! फिर कभी ऐसी गलती न होगी।"

गणेश कहता है, "माफ तो करना ही चाहता हूँ।"

"कर दो, मालिक!"

"लेकिन इसके लिए पुलिस को कितना रुपया देना होगा, पता है?"

"मालिक, हमसे जो भी बनेगा, देंगे।"

"सिपाहियों की भूख मिटाना तुम लोगों के बस की बात है?"

"फिर क्या होगा?"

"सजा होगी।"

"सजा होने पर वह मर जाएगा, मालिक! उसे पिशाब की तकलीफ है। वे मारेंगे मालिक, और मार-पीट से वह मर जाएगा।"

"देखते हैं, क्या कर सकते हैं!"

दूसरे रोज़ गणेश तोहरी जाता है। मंगालाल को अदालत तक पहुँचाने की उसकी क़तई इच्छा नहीं थी। दरोगा कहता है कि केस होने पर इसे जेल ज़रूर होगी। गणेश

दरोगा को पान खिलाने के रुपये देकर मंगालाल को छुड़ा लाता है। फलस्वरूप मंगालाल और दूसरे भंगी गणेश के प्रताप से परिचित होते हैं और उसके एहसान के लिए कृतज्ञता जताने आते हैं।

गणेश कहता है, "मारने को भी हम और बचाने को भी हम, यह बात तुम लोग क्यों भूल जाते हो?"

"फिर कभी नहीं भूलेंगे, मालिक!"

"हम लोगों को लेकर गीत बनाते हो?"

भंगी लोग चुप हो जाते हैं।

"मैं उस तरह के गीत दोबारा नहीं सुनना चाहता। चाहने पर हम क्या कुछ कर सकते हैं, थोड़ा-बहुत तो मैंने तुम्हें दिखा दिया है। मालिकों को लेकर फिर कभी कोई गीत मैंने सुना तो सारे भंगी टोले को जला दूँगा। कोई सरकार, कोई गांधी मिशन, भागाड़ का कोई ठेकेदार नहीं बचा सकेगा तुम्हें।"

भंगी लोग वापस चले जाते हैं।

इस तरह बाढ़ा गाँव में गणेश मध्य-युग का फिर से सूत्रपात करने में पथ-प्रदर्शक होता है। उसकी काफ़ी प्रशंसा की जाती है। भंगियों को सबक़ सिखाने की ख़ुशी में वह काफ़ी उल्लसित है। सहसा उसमें शरीर की भूख बड़ी तीव्रता से जागती है। आज रात वह नाथू सिंह की लड़की को भोगने पर भी तृप्त नहीं होता। बनैले चीत्कार-भरे स्वर में 'मिट्टी का लौंदा' कहते हुए पत्नी को एक लात मारकर बिस्तर से गिरा देता है वह। चिल्लाकर कहता है, "निकल जा...!"

अब गणेश की समझ में आता है कि मेदिनी सिंह के लिए लछिमा क्यों अपरिहार्य थी। घृणा से कहता है, "खाना नहीं मिलता क्या? ऐसी औरत से किस मर्द की चाह पूरी होगी?"

नाथू की बेटी को उसके इस व्यवहार में कहीं कुछ अन्यायपूर्ण नज़र नहीं आता। जो पत्नी अपने उष्ण रक्त और भूखी मांसलता वाली देह से पति को सेज का सुख नहीं दे सकती, उसका जीवन अर्थहीन है। उनके परिवार के पुरुष लोग भी जानते हैं कि लड़कियाँ, विशेषकर विवाहित लड़कियाँ अपने पतियों के लिए व्यर्थ रहेंगी ही। दादा बरकंदाज़ सिंह जाते थे मोरी के पास। बाप नाथू जाते हैं, लखपतिया के पास। मालिक लोगों के घर-घर में रखैल रखने का नियम है। इन्हीं बातों को

ध्यान में रखकर माँ ने दो नौकरानियाँ उसके साथ कर दी थीं। नाथू की लड़की ने नौकरानी से पूछा, "कुछ दवाई वगैरह जानती हो?"

"किसलिए?"

"उनसे डर लगता है।"

"और क्या लगता है?"

"और...और अच्छा नहीं लगता।"

"छि:-छि:, मालकिन! औरतों को ऐसी बातें नहीं करनी चाहिए। अगर वे ऐसी बातें करतीं तो क्या धरती पर इतनी आबादी बढ़ती?"

"दवाई लाकर दे।"

"नहीं, नहीं, दवा-ववा की बात जानते ही भगा देंगे। उन दोनों सौतेली माँओं को दवाई वगैरा करने के कारण ही उनके पिता ने भगा दिया था।"

नाथू की लड़की करुण हँसी हँसती है और कहती है, "फिर तो वह मुझे पीट-पीटकर मार ही डालेगा। ऐसी लात जमाई है कि अभी तक मैं सीधी नहीं हो पा रही हूँ। इस तरह मारता रहा तो मैं मर ही जाऊँगी। शरीर में इतनी ताकत कहाँ?"

"क्या किया जाए, मालकिन? घर में और कोई तो है नहीं। इतना सारा दूध उबालती हो, खाना पकाती हो; पूरी-कचौरी, गोश्त, मलाई बनाती हो। मेहनत के कारण चेहरे पर रौनक नहीं रही, शरीर कमजोर पड़ गया।"

इसके बाद भी नाथू सिंह की लड़की को ऐसे ही अनुभवों से गुज़रना पड़ता है, फिर से। नाथू सिंह के कानों में नौकरानियों की काना-फूसी पड़ती है। वह अपनी पत्नी को वहाँ से भेज देता है और फिर गणेश से ख़ुद बात करता है।

"पुतली की माँ बता रही थी। बड़ी खुशी की बात है। मेदिनी भैया के घर में शायद कुलदीपक आने वाला है। ऐसे समय तुम्हारे घर में तो कोई औरत है नहीं। दो-चार दिन वह हमारे यहाँ रह जाए तो अच्छा नहीं रहेगा क्या?"

"यह कैसे हो सकता है? हमारे वंश में इस तरह का कोई रिवाज है ही नहीं। किसी के घर नहीं है। शादी के बाद घर में आई लड़की घर से बाहर एक ही बार निकलेगी—मैं यह नियम कैसे तोड़ सकता हूँ?"

नाथू सिंह हड़बड़ाकर उठता है, "ठीक है बेटा, ठीक है। उसने पहले कभी काम नहीं किया। शायद जल्दी थक जाती है।"

गणेश मुँह फुलाकर कहता है, "मैं बहुत ही भाग्यहीन हूँ, समझे? आप लोगों को पता था कि हमारे घर में जो बहू आएगी, उसे अकेले ही सब-कुछ सँभालना होगा। जब लछिमा घर में थी तो हमारे घर की सभी तरह से बढ़ोतरी हुई। अब सब तरफ घाटा-ही-घाटा हो रहा है। आप लोगों ने शर्त लगाई, उसी की वजह से यह सब-कुछ हुआ है। अब आप कह रहे हैं, 'अकेली रहती है, घर ले जाऊँ?' ले जाएँगे तो ले जाइए। लेकिन वापस मत भेजिएगा।"

"यह कैसी बात हुई, बेटा? मैंने तो तुम्हारी ही बात मानी है।"

"अकेले घर में जो लड़की जा रही थी, उसे कामकाज क्यों नहीं सिखाया था? किस बात की तकलीफ है उसे यहाँ? उसके आते ही मेरे पिताजी गुजर गए। तब भी मैंने कुछ नहीं कहा। क्या यह अच्छा लक्षण है? कामकाज का जहाँ तक सवाल है, वह केवल मेरा और अपना खाना पकाती है। मिसिर जी को सीधा देता हूँ। किसान-मजदूर को सीधा। नौकरानियाँ अपना खाना आप पकाती हैं। पानी वे ले आती हैं। सारा इन्तजाम वे ही करती हैं। आपकी लड़की कौन-सा भारी काम करती है?"

"ठीक कहते हो तुम।"

नाथू सिंह सारी बातें अपनी पत्नी को बताता है और आदेश देता है, "अगर लड़की का सुख चाहती हो तो चुप रहो। हमारे जिद करने पर लछिमा को वहाँ से भगाया गया। यह बात भी सही है कि उसके रहते हुए मेदिनी की गृहस्थी में वाकई लछमी थी। दो जनों का खाना पकाने में तुम्हारी लड़की मरी जा रही है! गणेश से लड़ाई मोल लेने से क्या लाभ? बेटी की ज्यादा तरफदारी की तो वह उसे भगा देगा। गणेश के साथ झगड़ा कर अपनी जगहँसाई कराऊँ? भंगियों की दुष्टता पर किस खूबी से रोक लगाई है उसने!"

मालिक लोगों को विषय बनाकर गीत बनाने पर लगी रोक पर भंगी टोला जल रहा है। गणेश में अपनी पत्नी को तंग करने का उत्साह ख़त्म होता जा रहा है। उसका पौरुष आहत है। इसके पीछे है गांधी मिशन के कार्यों में लगन से लगी उद्धत यौवना पल्लवी शाह।

पल्लवी शाह मात्र तेईस वर्ष की है। बम्बई के किसी तेजलाल शाह की अत्यन्त लाड़ में पली लड़की। बेइंतहा धन होने के कारण डर-वर नाम की चीज़ उसमें नहीं है। जो मरज़ी आए, वही करने की आदी है। उसकी माँ किसी धर्माश्रम में रहती है।

पिता निर्यात के व्यापार में अत्यन्त व्यस्त रहते हैं। शौक़ में आकर पल्लवी अपने एक मित्र की एक साप्ताहिक अख़बार निकालने में सहायता करती है। फलस्वरूप उसकी संवाददाता भी बन जाती है। उसका वह मित्र असल में ग़रीबों के बारे में बड़े-बड़े भाषण देकर पल्लवी को मक्खन लगाता है और एक दिन उसका रुपया-पैसा लेकर भाग जाता है।

धरती को ही त्यागने के विचार से वह नींद की गोली खाती है; लेकिन तेजलाल शाह के ग्रह इस समय अच्छे थे और पुत्री द्वारा आत्महत्या करने पर उसकी काफ़ी बदनामी होती; इसीलिए उसे बचाया जाता है। बेहोशी की हालत में पल्लवी देखती है एक ज्योतिर्मय श्वेतांग संन्यासी को। उसे लगा कि वे कह रहे हों, 'डॉटर, डॉटर, मैं तुम्हें बचाऊँगा।'

एडविन कृष्णात्मा उसका परिचय गांधी मिशन के कार्यकर्ताओं से करा देते हैं और कहते हैं कि ग़रीब-से-ग़रीब लोगों के बीच जाओ। समाज की सेवा करो।

पल्लवी ट्रेनिंग लेती है। ग़रीब से भी ग़रीब हैं भंगी लोग। पल्लवी अन्त में उनकी सेवा करने के लिए, उनके काम आने के लिए बाढ़ा चली आती है। एस.डी.ओ. से लेकर थाने का दरोगा तक, कोई भी उसकी चरम आत्मत्यागी प्रवृत्ति पसन्द नहीं करता। लेकिन पल्लवी के सम्बन्ध इतनी ऊँची जगहों से हैं कि वे उसका कुछ भी नहीं बिगाड़ सकते। मिशन के कार्यकर्ता भी उसे नहीं रोक पाते। पल्लवी से भिड़ना उनके वश की बात नहीं थी।

पल्लवी की हिन्दी अच्छी नहीं है और उसकी अंग्रेज़ी इन लोगों की समझ से बाहर है। एस.डी.ओ. बार-बार कहते हैं, "आप वहाँ जाकर मुसीबत में फँस सकती हैं। हमारी नौकरी पर इससे आँच आ सकती है।"

पल्लवी दुरुस्त अंग्रेज़ी में कहती है, "आप मुझे डरा रहे हैं। मैंने ठान लिया है कि एक साल गरीब और पीड़ितों के लिए उत्सर्ग करूँगी। यहाँ पर कुछेक भंगी परिवार अमानवीय स्थितियों में जिन्दगी गुजार रहे हैं। मैं उन्हीं की सेवा करूँगी।"

"यहाँ के मालिक राजपूत हैं।"

"वे सभी अशिक्षित जानवर हैं।"

"आप क्या करेंगी?"

"उनकी जरूरतों को देखूँगी। मैं अनुमान लगा सकती हूँ कि उनके पास अच्छा

मकान, स्वास्थ्य-केन्द्र, स्कूल, पीने के पानी की व्यवस्था—कुछ भी नहीं है। वे लोग बेहद गरीब हैं।"

किसी का कहना नहीं मानती पल्लवी। एस.डी.ओ. कहते हैं, "अगर कोई गड़बड़ हो गई तो?"

"मैं पापा को खबर कर दूँगी।"

एस.डी.ओ. मन-ही-मन उसे हज़ारों गालियाँ देते हैं। फिर कहते हैं, "किसी मिशन वाले ने वहाँ जाकर उनके साथ रहने की बात कभी नहीं सोची। आपको वहाँ बहुत तकलीफ होगी।"

मिशन की महिला प्रधान एस.डी.ओ. को अलग ले जाकर धीरे से कहती है, "इसका शौक दो दिन में ही खत्म हो जाएगा। बाढ़ा ही क्यों, वह यहाँ से भी चली जाएगी। हमें भी छुटकारा मिलेगा। क्यों रोकते हैं उसे, वह बहुत ही अमीर घर की लड़की है। किसी प्रकार की रोक-टोक की वह अभ्यस्त नहीं है।"

"क्या अकेली जाएगी?"

"क्या किया जाए?"

हरिजन कल्याण संघ के अभय महतो से बात करता है एस.डी.ओ.। अभय हट्टा-कट्टा जवान लड़का है। इधर के सारे गाँव उसके जाने-पहचाने हैं। लेकिन बाढ़ा गाँव जाने से कभी ज़िन्दा नहीं लौटेगा, इसी डर से वह कभी बाढ़ा गाँव नहीं गया था। उसके संघ का संगठन काफ़ी कमज़ोर है। अभय पल्लवी के पास आकर कहता है, "मेरी बहुत दिनों की इच्छा है। आप जा रही हैं, दीदी! अगर मुझे साथ ले चलें तो मैं भी घूम आऊँ?"

पल्लवी सहमत नहीं होती। आख़िर में तय होता है कि अभय उसे वहाँ पहुँचाकर वापस लौट आएगा। पल्लवी कहती है, "रुपयों की कोई बात नहीं। सिर्फ एक जीप, कुछ साड़ियाँ, धोती और बेबी फूड चाहिए।"

"दीदी तो सब-कुछ जानती हैं।"

"पटना के स्लम एरिया में एक महीना काम किया है मैंने।"

पल्लवी जीप से जाती है। उसे मंगालाल के ज़िम्मे सौंपकर अभय वापस आ जाता है। सारा भंगी टोला पल्लवी को देखने के लिए टूट पड़ता है। पल्लवी कहती है, "तुम जीप लेकर चले जाओ। इनसे कह दो कि मैं अब यहीं रहूँगी।"

भंगी टोला बेहद बदबूदार और गन्दी जगह है। भंगी लोग इतने ग़रीब हैं कि पल्लवी को उनके साथ रहने में आनन्द का अनुभव होता है। बम्बई वाला दोस्त उसे धोखा देकर जैसे अशुद्ध कर गया था—मनुष्य जाति को मुँह-चिढ़ाते इन लोगों का साथ ही उसे फिर से शुद्ध और पवित्र कर सकता था। आवेग में वह मंगालाल से कहती है, "हाँ, ओल्ड मैन! मैं तुम्हारे घर में ही रहूँगी।"

मंगालाल और अन्य भंगियों को विश्वास होने लगता है कि पल्लवी ज़रूर पागल है। अभय का चेहरा उनका जाना-पहचाना है। अभय उनको अभयदान देता है। द्रुत देहाती बोली में कहता है, "दीदी सरकार की तरफ से हैं। तुम लोगों की जरूरतें क्या हैं, अपनी आँखों से देखने आई हैं। इसीलिए यहाँ रहना चाहती हैं।"

"यहाँ रहेंगी कहाँ? खाएँगी क्या?"

"तुम लोग जो खाओगे।"

"हुजूर, हम लोग तो समझो, खाते ही नहीं हैं।"

"दीदी भी नहां खाएँगी।"

पल्लवी को सभी कुछ असामान्य लगता है। गन्दे पतीले में उबला हुआ भुट्टा ही खाती है वह। मचान पर सोती है। सुबह पेन और काग़ज़ लेकर स्त्री-पुरुषों की उम्र के आधार पर सारणी बनाती है। फिर उनकी जीविका के बारे में जानना चाहती है। मंगालाल की पत्नी अपनी सामर्थ्य के अनुसार उसे भागाड़ और संडास की सफ़ाई आदि के बारे में समझाने की कोशिश करती है। अतएव पल्लवी मंगालाल की पत्नी के साथ उजाड़ मैदान में पानी की जगह देखने जाती है।

"गर्मियों में यह सूख नहीं जाता?"

"सूख जाता है।"

"तब क्या करते हो?"

बिगुलाल के टोले की तरफ़ इशारा करती है और कहती है, "उनके कुएँ से पानी लेते हैं। वह भी लेने थोड़े ही देते हैं..."

"क्यों?"

"हम लोग छोटी जात हैं, इसलिए।"

"ओह! जात?"

"हम लोगों को ढेरों तकलीफें हैं।"

"बड़े-बड़े मकान किन लोगों के हैं?"

"मालिक लोगों के।"

पल्लवी असीम आन्तरिक विश्वास के साथ मंगालाल की पत्नी को समझाती है—संविधान। कोई मालिक नहीं है। आज के आज़ाद भारत में मंगालाल और मालिक दोनों बराबर हैं।

"अगर ऐसी ही बात है तो गणेश सिंह ने ललोबा के बापू को बिना वजह क्यों परेशान किया था?"

ललोबा के बापू की परेशानी के बारे में पूरा विवरण सुनकर भी पल्लवी समझ नहीं पाती है कि वह अपने पति के बारे में बता रही है। पल्लवी समझाने की कोशिश करती है कि अपने को छोटी जाति का समझना ही नहीं चाहिए।

पल्लवी पर गणेश की निगाह पड़ती है। गाँवों में कोई भी बात छुपी नहीं रहती है। पल्लवी के बारे में भी सभी को पता चल गया था। गांधी मिशन, हरिजन संघ की ये लोग क़तई परवाह नहीं करते। इनकी भलाई की वे चाहे कितनी ही कोशिश क्यों न करें, कोई फ़ायदा नहीं होने वाला। ताक़त गणेश जैसे लोगों के हाथ में ही हमेशा रहती है। गांधी मिशन जैसी संस्थाओं में जो लड़कियाँ काम करती हैं, उन्हें गणेश जैसे लोग बड़ी नफ़रत से देखते हैं। उनके विचार से समाज की जूठी की हुई औरतें ही ऐसे काम करने आती हैं। वैसे गणेश जैसे लोगों के तईं सभी औरतें उपभोग की वस्तु हैं। आज़ादी के शुरू-शुरू में, अकाल पड़ने पर राहत कार्यों के लिए मिशन की तरफ़ से एक यूनिट यहाँ आई थी। उनमें से एक लड़की को गजमोती सिंह उठा ले गया था और बलात्कार करके उसे छोड़ गया था। उस अभागिन लड़की की रिपोर्ट थाने तक में दर्ज़ नहीं हुई थी।

पल्लवी को देखते ही गणेश के उष्ण रक्त में एक अजीब-सी चाहत तीव्रता से दौड़ने लगती है। यह वही चाहत है जो उसे उत्तेजित करती है, भूखा बनाती है और जिसे बुझाने में नाथू सिंह की लड़की असमर्थ है। गर्भवती होने के बाद से वह और ठसक गई है। गणेश को देखते ही डर जाती है। छोटी जाति की किसी लड़की को रखैल रखना पड़ेगा, यह सोचकर उसका जी ख़राब होने लगता है। पल्लवी के नैन-नक़्श काफ़ी तीखे हैं और सेहत भी अच्छी है। गणेश पल्लवी को अनदेखा कर मंगालाल को बुलाता है। पूछता है, "मंगालाल, यह कौन-सा हरामीपन है?"

"क्या, मालिक?"

"इतनी अच्छी और साफ़-सुथरी औरत को तुमने अपनी झोंपड़ी में रख रखा है। हम लोग क्या मर गए हैं?"

"जी मालिक!" मंगालाल की जीभ सूख जाती है। डर से होंठ चिपक जाते हैं। होंठों पर जीभ फेरते हुए कहता है, "हम कैसे रख सकते हैं, मालिक? वह अपने-आप ही आई है, गांधी मिशन से।"

"कौन पहुँचाकर गया है?"

"हरिजन संघ का अभय महतो।"

"ठीक है। उसे मेरे घर ले चलो।"

तभी पल्लवी आगे आ जाती है और दोनों कूल्हों पर हाथ रखकर कहती है, "कौन हो तुम? किसलिए धमका रहे हो इसे?"

"मैं गणेश सिंह हूँ। बाढ़ा गाँव में, मैं जो चाहता हूँ वही होता है।"

"अच्छा, तो तुम्हीं वह आदमी हो, जिसने मंगालाल को बिला वजह तंग किया था? चले जाओ यहाँ से, अभी, इसी पल!"

गणेश वहाँ से जाने का नाम नहीं लेता। भद्दी-सी हँसी हँसकर कहता है, "तुम्हारे जैसे बहुत-से लोग इनकी भलाई के लिए आते हैं, लेकिन होता बुरा है। इन्हें यहाँ रहना है, समझीं? सुना नहीं तुमने—उसने 'मालिक' कहा? हम राजपूत लोग इनके जैसे नीच जाति के लोगों के मालिक हैं। इनके घर तुम नहीं रह सकतीं।"

"इनको कुछ पता नहीं है, इसलिए डरा रहे हो इन्हें। मैंने इन्हें सब-कुछ बता दिया है। अब कोई किसी का मालिक नहीं। अब भारत आजाद है।"

"आज साँझ को तुम मेरे घर आओगी। यही मंगालाल तुम्हें वहाँ पहुँचाएगा। नहीं तो हम लोग आकर तुम्हें उठा ले जाएँगे।"

पल्लवी चिल्लाकर अंग्रेज़ी में गाली बकती है। गणेश कहता है, "मंगालाल तुम्हें यह भी बता देगा कि बाहर से जवान औरत आने पर गजमोती सिंह ने उसके साथ क्या किया था। तुम्हारे कारण सभी का खून गरम हो रहा है।"

पल्लवी पैर पटककर कहती है, "कभी नहीं जाऊँगी। पशु-शक्ति के सामने हार मानूँगी? कभी नहीं।"

भंगी लोग डर जाते हैं। बुरी तरह से डर जाते हैं। डर से उनके चेहरे सफ़ेद

पड़ जाते हैं। कहते हैं, "नहीं जाओगी तो वे तुम्हें उठा ले जाएँगे। वे जानवर हैं। छोटी जाति की औरतों की इज्जत उनके हाथ में है।"

"थाना है, सिपाही हैं।"

"हाय राम!" मंगालाल की पत्नी सिर ठोकती है, "थाने में मालिक लोग नियम से रुपया भेजते हैं। उस दिन मेरे आदमी को खूनमखून कर दिया था। दरोगा ने कुछ नहीं कहा।"

सभी कहते हैं, "पल्लवी का यहाँ आना उचित नहीं हुआ। इस दूरदराज गाँव में आना ठीक नहीं था। तोहरी यहाँ से काफी दूर है। हर एक मालिक के पास बन्दूक है। वे बन्दूक लेकर आएँगे और पल्लवी को उठा ले जाएँगे। साथ में भंगी टोले को भी जलाएँगे।"

खाना नहीं पकता, किसी को भूख ही नहीं है। शाम को सूरज ढलने लगता है। आख़िर अपनी जान के डर से मंगालाल पल्लवी को डाँटकर कहता है, "तुम चाहती हो कि तुम्हारे लिए हम सभी के घर जला दिये जाएँ और हमारे बाल-बच्चे साथ जल मरें? क्या यही चाहती हो तुम?"

पल्लवी भी डर जाती है। युगों से मन में बैठे डर के सामने उसकी हिम्मत भी जवाब दे जाती है और वह कहती है, "मैं चली जाऊँगी।"

"कहाँ?"

"तोहरी।"

मंगालाल की पत्नी अपने पति से कुछ कहती है। मंगालाल सिर हिलाता है। फिर मंगालाल की बीवी पल्लवी का हाथ पकड़कर कहती है, "इस समय तुम्हें न पाने पर वे हमें जिन्दा जला देंगे। थाना कुछ नहीं करेगा। रोशनी रहते-रहते चलो, हम भाग चलें।"

"कहाँ?"

"फारेस में। मोहन दुसाध रास्ता बताएगा।"

"दुसाध? वे भी तो हरिजन हैं।"

"मालिकों ने उन्हें जमीन से भगा दिया था। चलो, चलें, शाम होने से पहले ही भाग चलें, नहीं तो बचना मुश्किल है।"

सूअर, बकरी, मुर्गी, इनसान—डर के मारे भागते हैं। यह जुलूस पहले दुसाध टोली में पहुँचता है। जानवरों को उनके ज़िम्मे करके वे लोग जंगल की ओर

चल पड़ते हैं। मोहन दुसाध आगे नहीं आता। उसका लड़का राँका दुसाध आता है। सारी घटना सुनने के बाद सिर हिलाता है और फिर जंगली ग़ुस्से में कहता है, "तुम लोगों का घर आज जरूर जलेगा। सौंप देते लड़की को उन्हें। क्या भलाई करेगी यह तुम्हारी? भंगियों की भलाई करेगी? मालिकों के पास जमीन है, रुपया है। सरकार भी मालिकों की है। यह क्या भलाई करेगी? क्यों आई थी यह यहाँ?"

ललोबा दुखी होकर कहता है, "अभी मरम्मत कराई थी घर की।"

मंगालाल पूछता है, "जंगल में किस जगह ले आए हो? झरना तो है यहाँ? पानी तो मिल सकेगा? आग मत जलाना। बातचीत मत करना। जंगल में काफी अन्दर आ गए हैं हम। वे हमें खोजते-खोजते यहाँ तक पहुँच सकते हैं।"

पल्लवी कहती है, "गणेश को सजा कराऊँगी।"

राँका कहता है, "यह एक खास बात कही तुमने।"

राँका चला जाता है।

वे जंगल में से लकड़ी बटोरते हैं परमिट पर। जंगल उनका जाना-पहचाना है। भंगी लोग अचानक आई इस मुसीबत से भयभीत होकर बैठे हैं। पल्लवी की तरफ़ घृणा से ताक रहे हैं। अँधेरे में भी पल्लवी को सब-कुछ दीख रहा है। भंगियों के बदन से आ रही जिस महक से उसे प्रेरणा मिल रही थी, अब वही महक बदबू बन गई है। सोचती है, समाज-सेवा करने के लिए शायद बम्बई में भी काफ़ी ग़रीब लोग हैं। वहीं जाकर काम करेगी वह। ऐसे विचित्र सामाजिक ढाँचे में काम करना सम्भव नहीं है। इन भंगियों को स्वास्थ्य-सम्बन्धी नियम सिखाना क्या सम्भव है? पल्लवी पेड़ से टेक लगा लेती है।

अचानक दूर से हो-हुल्लड़ की आवाज़ आती है। मंगालाल ललोबा से कहता है, "पेड़ पर चढ़कर देख, कुछ नजर आता है?"

ललोबा चुपचाप पेड़ पर चढ़ता है और फिर नीचे उतर आता है।

"क्या देखा?"

"आग लगा दी है।"

"तू चुपचाप सो जा।"

"अगर वे यहाँ आ गए तो?"

न बीतने वाली रात कट जाती है। सुबह की रोशनी फूटने से पहले राँका और

पीछे-पीछे मोहन दुसाध आते हैं। कहते हैं, "इसे तोहरी की राह पर छोड़ आते हैं। तुम लोग साथ जाकर क्या करोगे?"

"क्या करेंगे?"

मोहन ज़मीन पर थूकता है। फिर कहता है, "हम लोगों को भगाया था तो तुम लोग भी तीन दिन अपने घरों से बाहर रहे थे। यही सोचकर हमने आपका साथ दिया। अब क्या फिर से झोंपड़ी खड़ी करोगे?"

पल्लवी कहती है, "रुपया मैं दूँगी।"

उसकी बात पर ध्यान दिये बिना मोहन कहता है, "जमीन नहीं, जायदाद नहीं। झोंपड़ी खड़ी करने पर एक न एक दिन फिर आग लगेगी। तुम कितने परिवार हो?"

मंगालाल आँसू पोंछते हुए कहता है, "ग्यारह घर हैं। बाल-बच्चे मिलाकर बियालीस लोग। दो जनों के पाँव भारी हैं।"

"तो तुम जाओ। अपने ठेकेदार से कहो, भागाड़ मत छोड़ना।"

"वहाँ पानी नहीं है।"

"तो हम लोगों की तरह तुम भी फारेस की जमीन पर गैरकानूनी तौर पर रहो। जब हटाएँगे तो कहीं और चले चलेंगे।"

राँका कहता है, "संडास की सफाई नहीं चलेगी।"

मोहन भी जोड़ता है, "कई सालों से तो यह काम कर रहे हो, अब मत करो। बस, सूअर पालो, और बेचो, भागाड़ का काम तो है ही।"

"वहाँ फिर से घर न बनाएँ?"

"मैंने जो कहना था, कह दिया। आगे तुम्हें जो ठीक लगे, करो।"

राँका और मोहन पल्लवी को ऊबड़-खाबड़ रास्ते से ले जाते हैं। जिस रास्ते से बाढ़ा गाँव तक जीप आती है, कुछ समय बाद उसी कच्चे रास्ते पर आ पहुँचते हैं। जाती हुई एक बैलगाड़ी मिलती है। पल्लवी उसमें बैठ जाती है।

तोहरी पहुँचकर वह एस.डी.ओ. को सारी बातें बताती है; लेकिन फिर भी गणेश के विरुद्ध कोई कार्रवाई नहीं करवा पाती।

एस.डी.ओ. देर तक चुप रहने के बाद कहता है, "ठीक है, आप कानून नहीं जानतीं। मैं आपकी हर बात पर यकीन करता हूँ, लेकिन उस पर केस करूँ? पुलिस केस? किसके खिलाफ? गणेश ने भंगी टोली में आग लगाई? किसने देखा? आपको

उठा ले जाने की धमकी दी थी। अदालत में गवाही के लिए खड़ा करते ही डर के मारे यही भंगी लोग कहेंगे, 'नहीं, गणेश ने ऐसा नहीं कहा था'।"

"कानून क्या केवल अमीरों का है?"

"मिस शाह! आपकी दृष्टि में वह देहाती जोतदार अमीर है? यह सापेक्षिक सिद्धान्त है—भंगियों के लिए वही देहाती जोतदार टाटा-बिड़ला है। आपको एक बहुत ही भयावह अनुभव से गुजरना पड़ा है। चलिए मेरे साथ। कुछ देर आराम करिए।"

"प्लेन कहाँ से मिलेगा?"

"पटना से।"

"वहाँ तक कैसे जाऊँ? पापा को फोन करूँ?"

फ़ोन पर ही सारा इंतज़ाम होता है। पटना से ड्राइवर गाड़ी लाता है। किसी ठेकेदार ने भेजी है।

पल्लवी को बीच का समय एस.डी.ओ. के बँगले में गुज़ारना पड़ता है। अन्त में उनसे कहती है, "भंगियों को कोई तकलीफ न हो, खयाल रखिएगा।"

"रखूँगा, जरूर रखूँगा।"

अभय उससे मिलने आता है। अभय के सामने पल्लवी रो देती है। कहती है, "भंगी लोग डर गए थे। पता है, डर के मारे उनके चेहरे सफेद हो गए थे। मेरे लिए उन्हें सारी मुसीबत झेलनी पड़ी। मैं अपने-आपको इतनी छोटी, इतना व्यर्थ और अपमानित महसूस कर रही हूँ!"

अभय प्रसन्न मुख से हँसते हुए कहता है, "भूल जाइएगा दीदी, इस घटना को।"

"मुझे इस एस.डी.ओ. पर विश्वास नहीं। मेरे पास काफी रुपया है। रुपया तुम उन्हें दे सकोगे घर बनाने के लिए? दे दोगे ना तुम?"

"दीदी, आप सब-कुछ देखकर आ रही हैं। हाथ में पैसा आते ही शराब पिएँगे वे लोग। मालिकों को पता चलने पर फिर से घर जलेंगे उनके।"

"ओह!"

अभय हँसते हुए कहता है, "सुनिए दीदी, हरिजन संघ पर विश्वास करके कुछ रुपया दे दीजिए। हम लोग उन्हें अपने संघ की ओर से दे देंगे। उन्हें झोंपड़ी बनाने का सामान दिला देंगे।"

"ऐसा ही करो।"

"बम्बई पहुँचकर चिट्‌ठी लिखना।"

पल्लवी चिट्‌ठी नहीं लिख सकी, क्योंकि घर पहुँचने पर उसे घर में अपने ख़िलाफ़ माहौल मिलता है। पापा जी और भाई साहब, दोनों डाँटते हैं उसे। समाज में बहती गन्दगी के साथ मिलकर बहने की बदनामी उठाने पर उसे कोसते हैं। उसे पता लगता है कि पापा कांग्रेस की तरफ़ से एम. पी. बनने की कोशिश में हैं। फ़ौजी जनरल की तरह पापा उसका जीवन-पथ निर्दिष्ट करते हैं। कहते हैं, "विदेश जाओ, पढ़ाई-लिखाई करो। इस देश में रहोगी तो और कोई नया झमेला करोगी। तुम्हारी माँ धर्माश्रम में रहती है, इसी पर लोग काफी बातें बनाते हैं।"

पल्लवी के पास पापा के सामने 'हाँ' कहने के अलावा कोई चारा नहीं। लेकिन विदेश जाने से पहले ही उसका नर्वस ब्रेक-डाउन हो जाता है। अन्त में वह मानसिक बीमारी के इलाज के लिए एक नर्सिंग होम में चली जाती है।

अभय भंगी लोगों का उपकार चाहकर भी नहीं कर पाता, क्योंकि बाढ़ा गाँव में भंगी टोला अब केवल जली हुई भीत-भर है। भंगी लोग आख़िरकार सरकारी फ़ॉरेस्ट की ज़मीन पर काँस की झोंपड़ी बनाने में लगे हैं। अभय कहता है, "यहाँ से भी तुम लोगों को एक दिन भगा दिया जाएगा।"

"तब कहीं और चले जाएँगे।"

"बाकूलाल से बात करके भागाड़ के नजदीक की जमीन क्यों नहीं ले लेते?"

"वहाँ पानी नहीं है।"

"वहाँ अगर जाना चाहो, और मैं कुआँ खुदवा दूँ तो?"

मोहन दुसाध संत की तरह आँखें चढ़ाकर कहता है, "वहाँ की जमीन के नीचे पानी नहीं है, और फिलहाल सरकार भी कोई नया फारेस नहीं लगा रही। अभी क्यों उठाएँगे? हम तो पेड़ भी नहीं काटते, फारेस को कोई नुकसान नहीं पहुँचाते।"

"मैदान के उस किनारे से वह जो नदी गई है, वहाँ का मैदान किसका है? तुम लोग वहाँ भी जा सकते हो।"

"क्यों?"

"पानी मिल जाता।"

मोहन कड़वी हँसी हँसता हुआ कहता है, "मैदान किसी का है, ऐसा तो मालूम नहीं। गायें चरती हैं, मेला लगता है, लगान कभी कोई वसूलता नहीं। हो सकता है,

सरकारी जगह हो। लेकिन हमारे जाते ही उठा नहीं दिये जाएँगे, क्या मालूम?...तब पता चलेगा कि किसकी दखल में है। और हमें पता नहीं। मंगालाल वगैरह जाना चाहें तो चले जाएँ।"

मंगालाल भयभीत होकर कहता है, "नहीं-नहीं, हम इन्हीं के पास रहेंगे।"

आख़िर में अभय चला जाता है। जाते समय बाज़ार वाले दिन तोहरी में मिलने को कहता है।

पल्लवी के रुपयों से कुछेक बोरी मक्का और दो बोरी खेसारी दाल ख़रीद कर देता है अभय और कहता है, "दुसाधों और भंगियों के लिए है।"

राँका कहता है, "उस लड़की ने रुपया दिया था। है न?"

"तुम्हें इससे क्या मतलब?"

"बाबू, तुम समझते हो कि हम घास खाते हैं। तुम्हारे पाँवों में थेगली लगी हुई जूती है, टूटी कुरसी पर बैठते हो। जिन्दगी में पहली मरतबा तुमने हमारी सहायता की! बस, इसी से समझ लिया। चलो, भई मंगालाल।"

दुसाधों की तरह भंगी भी गणेश जैसों के हाथों से निकल जाते हैं।

चन्द्रभान कहता है, "ओ गणेश, अब संडास की सफाई का क्या होगा?"

"भंगियों को जाकर बुलवा लाओ।"

"यह कैसे हो सकता है?"

"तब बिना संडास के काम चलाओ।"

"सालों की इतनी हिम्मत? चले गए?"

"पाप निकल गया, समझो।"

"नालियाँ निकालते थे, कूड़ा-करकट साफ करते थे।"

"गंजू आदि हैं या नहीं? सब लोगों की खरीदी प्रजा..."

"वहाँ पर किस अधिकार से रह रहे हैं वे?" यह पूछने पर एस.डी.ओ. साहब ने दस बातें सुनाईं।

"वह जो रंडी लड़की आई थी न, उसका बाप दिल्ली में सभी को जानता है। फॉरेस्ट की जमीन अभी पड़ी रहेगी। बाद में वहाँ पेड़ लगेंगे। इस समय इस बात को लेकर कोई हंगामा नहीं होना चाहिए।"

"खैर, जो हुआ, सो हुआ।"

"उन्हें लाकर फिर से बसाया गया तो वे फिर से जला देंगे टोला।"

लड़की के हाथ से निकल जाने पर गणेश का पौरुष आहत हुआ है, यह बात सभी समझते हैं, लेकिन कोई यह नहीं समझ पाता कि ऐसी लड़की मंगालाल के घर में थी कैसे?

लछिमा के कानों में भी यह ख़बर जाती है। वह हरोआ से कहती है, "अच्छा ही हुआ। हम लोग भी शायद हरिजन ही हैं। अगर घर छोड़ना पड़ा तो फारेस में जाकर रहेंगे।"

हरोआ खूब हँसता है। मज़ाक की ऐसी बात उसने कभी नहीं सुनी थी। कहता है, "ऐसा कभी हो सकता है क्या?"

"हो सकता है," लछिमा भी मज़ाक करती है।

"तुमने उसे पाल कर बड़ा किया।"

"तुम क्या जानो? गजमोती सिंह ने अपनी माँ को भूखा मारा था, जायदाद के लालच में। उसके नाना ने माँ को सम्पत्ति दे दी थी और माँ के मरते ही वह उसे मिलती, इतना इन्तजार भी वह नहीं कर सका।"

"लेकिन यह ऐसा नहीं करेगा!"

"क्या पता, कारनामे सुनकर तो मुझे डर लगता है। क्या काम किया है! छि:-छि:! सारे मालिकों को साथ लेकर भंगी टोले को जलाया? उस दिन अगर वे लोग पहले से जंगल में नहीं भाग गए होते तो? हाय माँ! शायद जिन्दा ही जला देते उनको।"

हरोआ भीषण बेचैनी दबाकर कहता है, "चुप रह, लछिमा! मत बोल, मुझे डर लगता है।"

छह

समय पर गणेश की बहू एक लड़की को जन्म देती है और लड़की जनने के अपराध-बोध से बेहद दुखी भी होती है। गणेश से विनती करती है, "अभी

मैं चलने-फिरने काबिल नहीं। देह में जोर नहीं रहा। पिताजी से कहो कि गंगा को भेज दें।"

"गंगा कौन है?"

बहू धीरे-धीरे कहती है, "जिसने मुझे पाला-पोसा है।"

"तेरे बाप की रखैल है क्या?"

बहू चुप रहती है।

गणेश ने निर्लिप्त स्वर में पूछा, "उसकी एक लड़की है न?"

बहू की आँखें भय से चौंक उठीं। बोली, "रुक्मिणी नहीं रहेगी। यानी कि हमारे घर में भी नहीं रहेगी।"

"क्यों? वह तो तुम्हारी बहन लगती है। रामरूप क्या उस पर नजर डाल रहा है?"

बहू का चेहरा लाल हो जाता है। कहती है, "रुक्मिणी की शादी तय है, उसने खुद ही तय की है, नाहारा के एक अहीर से। गंगा सौ रुपये माँगती है। रुपया जुगाड़ होते ही वह रुक्मिणी से शादी कर लेगा।"

"अच्छा, कहूँगा तेरे बाप से।"

नाथू की बेटी में अब उसकी कोई रुचि नहीं रही। वैसे भी अब ज़रूरत भी क्या है उसकी? वह मिसिर के पास जाकर बैठ गया। भूमिका बाँधे बिना कहने लगा, "मेरे पिता देवता थे, लेकिन मेरी शादी उन्होंने देखभाल के नहीं की। न इससे घर का काम-काज होता है, न परिवार की देखभाल। अरे तोलने पर तो लछिमा ही भारी निकलेगी इससे। ऐसी दस औरतें मिलकर भी उसके नाखून बराबर नहीं।"

"सो तो ठीक बात है।"

"अब क्या किया जाए? बहू तो लड़की बियाए बैठी है।"

"इस लड़की को तुम्हारे सिर लादा है बरकंदाज ने।"

"हुँह! जिन्दगी बरबाद कर दी।"

"तुम खुद ही इसका इन्तजाम कर सकते हो।"

"वही करूँगा। और देवता...?"

"क्या?"

"यह बताओ कि मारपीट, आगजनी की वारदात करने पर पागलपन-सा क्यों छा जाता है? क्या ऐसा दूसरों को भी होता है?"

"तुममें तो देवता का अंश है। तुम्हारे लिए नियम कुछ दूसरे ही हैं।"

विक्षुब्ध होकर गणेश ने कहा, "घर की बहू का मान रखने के लिए लछिमा को दूर हटाना पड़ा। उसने मेरे ही नौकर से शादी कर ली। लेकिन बहू ने मुझे कुछ नहीं दिया, यहाँ तक कि एक लड़का भी नहीं।"

"आगे तो हो सकता है।"

"भगाकर शादी कर लूँ क्या, फिर से?"

"गणेश! अगली बार तो लड़का हो सकता है न। तुम्हारी माँ के भी तो पहले लड़की हुई थी। बाद में लड़का हुआ।"

यही सोचते-सोचते उखड़े मन से गणेश नाथू सिंह के घर पहुँचता है। वहाँ उसे मिलता है अभूतपूर्व सम्मान। जैसे नाथू सिंह भी स्वीकार कर रहा हो कि गणेश को उसकी लड़की पर ग़ुस्सा होने का पूरा अधिकार है। गणेश ने अपनी स्त्री का प्रस्ताव सामने रखा।

नाथू बोला, "गंगा क्या करेगी? गठिया से मर रही है, चल-फिर भी नहीं सकती। रुक्मिणी को भेज देता हूँ। वैसे उसके वहाँ जाने पर नौकर लोग बिगड़ सकते हैं। तुम्हारे यहाँ अनुशासन बड़ा कड़ा चलता है। वहीं रहे तो अच्छा है। बड़ी बेशर्म लड़की है। कमू अहीर के साथ भाग रही थी। मैंने कहा, 'पहले कमू दहेज का रुपया लाए, और फिर शादी करके ले जाए।' तुम उसी को ले जाओ।"

"भेज दीजिए।"

"उसके साथ बात-वात मत करना। छोकरी बकती बहुत है।"

गणेश ने कड़वी हँसी हँसकर कहा, "नौकरों के साथ क्या सुलूक करना चाहिए, हमें अच्छी तरह मालूम है। लछिमा ने कभी मुझे 'छोटे मालिक' के अलावा किसी और नाम से नहीं पुकारा।"

"सो तो ठीक है। ठीक ही कह रहे हो तुम। बेटा, मैंने तुमसे गलत नजरिए से कुछ नहीं कहा। प्यार से ही कहा है।"

"आप कह सकते हैं। मैं आपकी बात मानता हूँ। आपकी बात मानकर ही मैंने लछिमा को हटा दिया था। आज घर का क्या हाल है, चलकर देखिए। दोनों

दासियाँ पता नहीं क्या करती हैं! चावल-गेहूँ और दालों की बोरियों को चूहे कुतर रहे हैं। गुड़ पर फफूँद लग रही हैं। घर की लिपाई-पुताई तक नहीं, जैसे चारों तरफ उदासी छाई हो! सीधा तक मैं ही निकालकर देता हूँ।"

"बड़ी शरम आती है, गणेश। मेरी लड़की के लिए...।"

"मेरा नसीब ही ऐसा है।"

नाथू सिंह ने अपनी स्त्री से कहा, "गणेश की बातें झूठी नहीं हैं। दो नौकरानियों के साथ मिलकर भी घर का काम नहीं चला सकती तुम्हारी बेटी। कोई और मर्द होता तो कभी की दूसरी शादी कर लेता या रखैल रख लेता।"

"वहाँ रुक्मिणी को क्यों भेज रहे हो?"

"तुम्हारी बेटी के सुख के लिए।"

"हाय राम! उसकी शादी नहीं होगी क्या?"

"वहाँ वह नौकरानी बनकर जा रही है। गणेश कोई शादी करके नहीं ले जा रहा है। भेज दो छोकरी को। रामरूप उसे बहन जैसा तो मानता नहीं है। घर में फालतू में छीछालेदर होगी।"

"और वहाँ कुछ हो गया तो?"

"उससे मुझे क्या लेना-देना? कमू अहीर को क्या एतराज होगा? लड़की तो उन्हें मालिक की जूठी ही मिलती है। शादी से पहले हो या बाद में।"

"अगर लछिमा की तरह उसने रुक्मिणी को घर में ही रख लिया तो?"

"रख ले तो रख ले। मर्द का बच्चा सब-कुछ कर सकता है।"

नाथू की स्त्री चुप हो गई। हाँ, उनके समाज में पुरुष सब-कुछ कर सकते हैं। उसने देखा तो नहीं, मगर सुना ज़रूर है कि उसके पिता की दादी-नानी के ज़माने में राजपूताने के गाँव-गाँव में लड़की का पैदा होना इतना अवांछित माना जाता था कि नवजात पुत्री को हँडिया में रखकर ज़िन्दा धरती में गाड़ दिया जाता था। हाय अम्मा! जैसे लड़की की डरी-डरी, भयभीत दृष्टि उसकी आँखों के आगे नाच जाती है। लड़की पैदा हो तो इसमें माँ का क्या दोष? गहरी साँस लेकर उसने रुक्मिणी को बुलाया और ज़रूरी हिदायतें दीं। मालिक के ही वीर्य से रुक्मिणी पैदा हुई है। इस तरह रुक्मिणियाँ पैदा होती ही रहती हैं। बदनसीब रामरूप अपनी लगभग हमउम्र गोलमटोल स्त्री के बजाय अब रुक्मिणी पर डोरे डाल रहा है।

रुक्मिणी चौंक पड़ती है और नाथू की स्त्री के पैर पकड़ लेती है। कहती है, "मालकिन, ऐसा मत करो, पैर पड़ती हूँ। दीदी के मालिक से मुझे डर लगता है। अगर कोई बदनामी फैल गई तो फिर कमू शादी नहीं करेगा। तब मेरा क्या होगा? मैं तुम्हारे पैरों में यहीं पड़ी रहूँगी।"

नाथू की स्त्री अक्षम थी। व्यर्थता और अनुकंपा से भरकर वह सिर्फ़ हथेली-भर सीधा कर पाई और बोली, "क्या करूँ, रुक्मिणी? रामरूप के बाप ने ही यह व्यवस्था की है। तुझे यहाँ न रखकर और कहाँ भेजें?"

"मेरी माँ भी एक ही शैतान है...। एक सौ रुपया, कपड़े, बर्तन भला वह कितने दिनों में जुटा पाएगा? अपनी गाय-वाय नहीं, दूसरे की गाय क्यों चराती है?"

गंगा बोली, "भला क्यों न माँगूँ? जगमोती का नाती रख लेता तो कम-से-कम लछिमा की तरह हर महीने रुपया मिलता, जमीन मिलती, लेकिन तूने मेरी बात कहाँ मानी? मैं क्या खाऊँगी? ये भगा देंगे तो कहाँ जाऊँगी?"

रुक्मिणी ने कहा, "मैं भाग जाती तो अच्छा रहता?"

नाथू सिंह की स्त्री ने कहा, "इतना मत डर। उस घर के भीतर कोई दूसरा मर्द नहीं जाता। गणेश तो लड़की पैदा होने की वजह से अपनी स्त्री का मुँह तक नहीं देखता।"

"कमू आए तो उससे भी मुलाकात नहीं होगी?"

गंगा ने ढाढ़स देकर कहा, "कमू आएगा तो मैं उसे तरजीह दूँगी।"

एकान्त में ले जाकर गंगा ने लड़की से कहा, "वहाँ जाने पर तुझे रामरूप परेशान नहीं कर सकेगा। वह अभागा पहले बूढ़ियों की तलाश करता था, अब छोकरियों की खोज में रहता है...। याद रखता है कि तू उसकी बहन है?"

नाथू सिंह बोला, "किस बात का डर? गणेश देवता का अंश है। वह नीची जात पर नजर नहीं डालता। उस लड़की की बात दूसरी है, वह ऊँची जाति की थी और भंगियों ने उसे अपने घर में रखकर अधर्म किया था। तू वहाँ नहीं गई तो गंगा तुझे गजमोती के नाती के पास भेज देगी।"

"नहीं, कभी नहीं जाऊँगी।"

"वह तेरी माँ नहीं है क्या?"

'तुम भी तो मेरे बाप हो,' यह कहने की रुक्मिणी की इच्छा हुई, पर बोली नहीं। रोती-पीटती गणेश के घर चली गई।

उसे देखते ही पुतली ने गहरी साँस ली, "बोली, आ बैठ। रो मत।"

रुक्मिणी खाना पकाएगी। वह नाथू की बेटी है, रसोई में घुस सकती है। दरअसल रुक्मिणियों की माताओं के हाथ का पानी नहीं पिया जाता। रुक्मिणियों के हाथ का पानी चलता है। मालिकों को इसी में फ़ायदा है। मालकिनों के प्रसूति-गृह में चले जाने पर चौका कौन सँभाले? फिर रुक्मिणियों के इधर-उधर भटकने पर अनाचार फैल सकता है। फिर किया भी क्या जा सकता है? घी-दूध पर पली मालकिनों का स्वास्थ्य फिर नहीं लौटता, लेकिन दाल-रोटी, जूठन, भुनी मकई के दानों पर पली रुक्मिणियों की पिटी-पिटाई देह पचास पूरे होने पर भी ढीली नहीं होती। इसीलिए मालिकों को अछूत लड़कियों की ख़ास ज़रूरत नहीं पड़ती।

रुक्मिणी खाना पकाएगी। गणेश का खाना सजाकर रख देगी। रुक्मिणी रसोई में रहेगी, लेकिन सोएगी दासियों के साथ। दासियाँ घर की लीपा-पोती करेंगी, बर्तन मलेंगी, धूप में बिस्तर सुखाएँगी! भंडारघर की सफ़ाई करेंगी। गणेश तो खाना खाकर चला जाता है। बग़ल के कमरे में वह कपड़े उतारकर कचहरी का कामकाज करता है, रात में सोता है।

रुक्मिणी वहाँ भी रम गई। सरल आश्चर्य से एक दिन उसने पूछा, "दीदी, मालिक तुम्हारे साथ नहीं सोता?"

"नहीं, रुक्मिणी!"

"तुम सुखी नहीं हो क्या?"

पुतली ने मुँह ढक लिया हथेली से। चुपचाप आँसू बहाने लगी है। रुक्मिणी ने मन-ही-मन सोचा, सभी मालिकों के घर की कहानी एक जैसी है। घरवाली मन को भाती नहीं। सिर्फ़ चन्द्रभान की स्त्री सुख से है।

रुक्मिणी का दर्जा इन दासियों से कुछ ऊँचा है। उसने दासियों से कहा, "दोपहर में बैठकर कथरी सिया करो।"

गृहस्थी का हालचक्का मज़बूत हाथों से पकड़ लिया। धीरे-धीरे घर की हालत बदल गई। पुतली की देह में भी स्फूर्ति आ गई थोड़ी-सी। बाल सँवारकर उसे

सजाकर रखती है रुक्मिणी। नन्ही-सी बच्ची को दुलारती है। गणेश के मौजूद न होने पर वह फटाफट बाहर जाकर अन्न-भंडार का हालचाल ले आती है।

मिसिर के पास जाकर बोली, "रोज दासी आया करेगी। ठाकुर जी का चरणामृत दे देना, देवता! दीदी को दूँगी।"

"हाँ, हाँ, क्यों नहीं।"

गणेश ने भी घर के परिवेश को बदलते हुए देखा। भोजन की थाली में कई-कई तरह के व्यंजन नज़र आने लगे। स्त्री से कहा, "बड़ा एतराज कर रही थी तू। अब देखा न, मैंने अच्छा ही किया।"

"हाँ, अच्छा ही किया तुमने।"

इसके बाद स्त्री ने डरते-डरते कहा, "लड़की का नाम रखना है।"

गणेश ने ख़ुश होते हुए कहा, "मिसिर से कह दूँगा।" फिर बोला, "मिसिर ने कहा है कि इस बार तेरे लड़का होगा।"

"एक बार गैबीनाथ जाने दोगे?"

"क्यों?"

"वहाँ मनौती मानने से लड़का पैदा होता है।"

"हाँ, हाँ, क्यों नहीं? गाड़ी में चली जाना। साथ में कौन जाएगा?"

"तुम नहीं चलोगे?"

"नहीं।"

"तो फिर यही लोग चली जाएँगी दासियाँ और रुक्मिणी।"

"ठीक है, ऐसा ही करना।"

बन्द बैलगाड़ी में यात्रा। लेकिन घर की क़ैद से बाहर निकलने की ख़ुशी। मुक्ति की साँस। रास्ते में परदा हटाकर देखते हुए जाने का मज़ा, पूजा के बाद दुकान में तिलुवा और खाजा खाने का मज़ा...रुक्मिणी के लिए तो यह और भी ख़ुशी का दिन था। कमू के छोटे भाई से मुलाक़ात हो गई। उसने कहा, "क्या जानती है तू? दादा कागज पर सही कर रुपया कर्ज ले रहा है। महाजन बनारस से लौटकर रुपया दे देगा।"

"कब, गिरधर कब?"

"तीन महीने बाद।"

पुतली ने कहा, "देख रुक्मिणी, गैबीनाथ कितने जाग्रत देवता हैं! पूजा के एक घंटे के भीतर ही हाथों-हाथ तुझे फल मिल गया।"

रुक्मिणी ने गहरी आत्मीयता से कहा, "तुम्हारा भी कल्याण होगा, दीदी! तुम्हारे लड़का पैदा होगा। मालिक तुम्हें प्यार करेगा। दुख के बाद क्या सुख नहीं आता? तुम्हारी जैसी सुन्दर पत्नी पर मालिक का दिल जरूर लौट आएगा।"

पुतली ने अजीब सी हँसी हँसते हुए कहा, "लड़का होगा तब न?"

"लड़की भी तो कितनी खूबसूरत हुई है।"

"बाप ने नजर तक उठाकर नहीं देखा आज तक।"

लड़की के प्रति गणेश की अप्रसन्नता उस समय कुछ हद तक दूर हो गई जब मिसिर ने बताया, "लड़की सुलक्षणा है। भाग्यशाली है। राशि की गणना में 'म' अक्षर से नाम आता है। तुम्हारे पिता का नाम भी मेदिनी था। इसका नाम महालक्ष्मी रखो।"

"इतना बड़ा नाम?"

"मोती कहकर पुकारना।"

"आप पुकारें। इधर मुश्किल खड़ी हो गई है।"

"क्यों? क्या हुआ?"

"अरे हिसाब का खाता खोलकर देखा तो पता चला कि पिताजी की बीमारी के समय से कुछ साल तक का हिसाब देखा ही नहीं। भिखारी, चमन, फागूलाल, आदि गंजू लोगों का कर्ज बारह-चौदह साल तक काटा ही नहीं। उनके हिस्से की फसल देता गया। अब हिसाब करने पर पता चला कि उन्हें कुछ भी नहीं दे पाऊँगा आगे से।"

"ओह, यह बात है!"

"फिर भी अधर्म नहीं करूँगा। कुछ न्याय तो करना ही होगा। मगर वह थोड़ा झंझट करेंगे। और उसके बाद मानेंगे ही।"

"झंझट क्यों करेंगे?"

"देवता, आप यह नहीं समझ सकेंगे। क्या समझाऊँ? पेट-भर खाना और देहाड़ी पर काम करेंगे ये लोग अब। इनकी जमीन भी चली जाएगी। उस समय मेरी अपनी जाति के लोग ही कान भरेंगे। मजदूरों को फुसलाएँगे।"

"हाँ, दुसाधों के चले जाने पर खेत-मजदूरों की कमी पैदा हो गई है जरूर। सभी लोग यही कहते हैं। इनके जाने पर भी मुश्किल ही होगी।"

"गाँव-गाँव में झगड़ा चल रहा है। देखें, क्या से क्या होता है! दरअसल, पहले का कानून अच्छा था। कभी प्रजा भागती नहीं थी। अब बस का रास्ता बन गया है। उस समय कहाँ थे ये सारे लोग? अब कोई बना रहा है हरिजन संघ, कोई गांधी मिशन। सब इन्हें उकसा रहे हैं। वाह रे! क्या वह इन्हें खाना देंगे? रोजी देंगे? कौन देगा इन्हें पेट-भर भात और सिक्के?"

"यही तो बात है। ये लोग समझते ही नहीं। सिर्फ एक हरोआ समझता है।" कहते ही मिसिर समझ गया कि यह बात उसने अपने अधिकार से बाहर की कर दी है।

सुनते ही गणेश का चेहरा पत्थर हो गया। बोला, "हाँ, हरोआ। लेकिन हरोआ का हिसाब अलग है देवता, आप नहीं जानते शायद। कुछ दिनों से वह आ क्यों नहीं रहा है? दो दिन से एकदम गायब क्यों है?"

"बुखार में पड़ा है। गर्मी लग गई है।"

हरोआ से लछिमा ने भी कहा, "यह कैसी बात हुई? बुखार उतरते ही तुरत काम पर जाना चाहते हो? वहाँ तुम किस शर्त पर काम कर रहे हो? अरे बीमार होने पर तो गाय-भैंस तक को छुट्टी मिलती है।"

हरोआ कभी लछिमा को 'तू' कहकर नहीं बोलता। हमेशा 'तुम' कहता है। जब लछिमा मालिक मेदिनी सिंह की रखैल थी, तभी का अभ्यास है यह।

लछिमा ग़ुस्से में घड़ा लेकर बाहर निकली। रास्ते में गणेश मिल गया। हैरान होकर लछिमा बोली, "छोटे मालिक, इतनी धूप में क्यों निकल पड़े?"

"हरोआ की खबर लेने के लिए।"

"बहुत बीमार पड़ गया है। ओह, कितना बुखार चढ़ा था उसे! आज ही बुखार उतरा है। मगर कुछ खाया नहीं उसने।"

"बदन में थोड़ी ताकत आते ही काम पर चला आए।"

"जरूर।"

फिर गणेश ने कहा, "और किस पर विश्वास करूँ? दो दिन बीतने पर आढ़तिए के आदमी आएँगे। मकई, सरसों, मिर्च वगैरा तोलकर लानी होगी। मेरी हालत क्या है, देखो। एक भी ऐसा आदमी मेरे पास नहीं, जिसे जिम्मेवारी सौंप दूँ।"

"अकेले पड़ गए हो?"

"तो तुम उसे भेज देना।"

गणेश ने आगे बात न की और अचानक पलटकर चल दिया। लछिमा को लगा कि शायद गणेश को हरोआ की बीमारी की बात पर पूरी तरह से यक़ीन नहीं हुआ है। सोचने से आश्चर्य भी लगता है। इतने साल तक उसने मुँह सीकर सिर्फ़ ख़ुराकी पर ही काम किया है। इतने साल तक कभी सौ रुपया तक नहीं दिया उसे। ठगना जानता नहीं, कामचोर भी नहीं है। फिर गणेश ने कैसे सोचा कि वह मक्कारी में सोया हुआ है?

घर लौटकर लछिमा बोली, "ताकत आने पर काम पर चले जाना।"

"कल ही चला जाऊँगा।"

"नहीं, कल नहीं। गणेश से मैंने कह दिया है। उसने भी 'हाँ' कर दी है।"

"लछिमा, इस बार कुछ झंझट जरूर खड़ा होगा।"

"कुछ नहीं होगा।"

"तुम नहीं समझ रही हो।"

"खूब समझ रही हूँ।"

दरअसल उस समय तक लछिमा नहीं समझी थी। वह हरोआ के लिए रोटी सेंकने बैठी। बोली, "यह लड़का मेरी गोद में बड़ा हुआ। लेकिन अब लगता है कि उसे पहचान नहीं पा रही हूँ।"

"बचपन में तो मेरी भी गोद में काफी चढ़ चुका है।"

"धीरे-धीरे उस पर बाप का रंग चढ़ रहा है। उसकी वजह से भंगी लोग इतने दिनों से जहाँ बसे थे, उस जगह को छोड़कर चले गए। अब देखो, कौन-कौन जाता है!"

हरोआ सीधा आदमी है। निष्पाप हँसी हँसता हुआ बोला, "यह कैसी समझदारी है! मालिक क्या अपनी खेती खुद करेगा? मैला खुद साफ करेगा?"

"भंगी टोले की ओर देखने से कैसा अद्भुत लगता है, जैसे श्मशान हो!" लछिमा सिर हिलाते हुए बोली, "बारिस होने पर यहाँ जंगल खड़ा हो जाएगा।"

परित्यक्त भूमि पर बाढ़ा गाँव में कोई भी घर नहीं बनाता है। दुसाधों के चले जाने पर उनकी परित्यक्त भूमि पर जंगल खड़ा हो गया है। भंगियों की वासभूमि भी जंगल बनेगी।

गणेश भौंहें सिकोड़कर भंगियों की वासभूमि की ओर ही देख रहा था। देखते ही ख़ून खौल उठता है। पल्लवी के चले जाने के अपमान का बदला भंगी टोला जला देने पर भी नहीं चुका। और तभी उसकी नज़र पड़ी रुक्मिणी पर। नाथू सिंह के घर से निकल रही थी। गंगा ने उसे पुकारा, लेकिन रुक्मिणी ने नहीं सुना और दौड़कर चली गई। उसने गणेश को भी नहीं देखा। रुक्मिणी को देखने का गणेश का यह पहला मौक़ा था। इतने दिनों से रुक्मिणी उसके घर पर काम कर रही है, लेकिन गणेश ने उसकी तरफ़ नज़र उठाकर नहीं देखा था। आज देख लिया। ख़ून पहले से ही खौल रहा था। कुछ और ज़्यादा खौल उठा।

रात का खाना-पीना हो गया। धोकर हाथ पोंछते हुए उसने स्त्री की ओर ताका। बोला, "रुक्मिणी से कह दे, पान-मसाला दे जाए।"

"तनिक रुको।"

"मेरे कमरे में भिजवा दो।"

"नहीं!" बहू डर से लिहाज़ भी भूल जाती है।

"क्यों? क्या ऐसी बात पहली बार सुन रही है? तू नाथू की बेटी है न?"

"यह काम मत करो।"

"ज्यादा बात बढ़ाएगी तो तुझे यहाँ से निकलना पड़ेगा और वह यहाँ रहेगी।"

रुक्मिणी बरामदे में पानी रखने आ रही थी। क्या हो रहा है, यह समझ पाने से पहले ही गणेश ने उसका हाथ पकड़ लिया।

"नहीं...नहीं...नहीं!" रुक्मिणी आर्त स्वर में रोते हुए चिल्ला पड़ी, "दीदी!"

गणेश ने उसे ज़ोरदार झापड़ मारा।

तृप्ति, अतिशय तृप्ति। ख़ून की हलचल धीमी पड़ने लगी। रुक्मिणी के 'नहीं-नहीं' शब्द रुदन में बदल गए। रुदन के बाद कराह में। उसके बाद सब-कुछ शान्त। सिसकियों की आवाज़। गणेश ने बत्ती की लौ बढ़ा दी। रुक्मिणी की आँखें भय से चौड़ी हो गई हैं। गणेश फिर उत्तेजित हो उठा। रुक्मिणी अबकी बार रो भी न सकी। तृप्ति। नींद आ गई। अचानक गणेश को अपनी एक समस्या का हल मिल गया। एक बुनियादी समस्या का। रुक्मिणी उसे उत्तेजित कर सकी। पुतली नहीं कर सकी। गणेश हँसने लगा। उसने रुक्मिणी को धक्का देते हुए कहा, "अब जा यहाँ से।" फिर उनींदे स्वर में बोला, "कल तुझे धोती-कपड़ा खरीद दूँगा। ये तो सब फट चुके हैं।"

रुक्मिणी उठी। बरामदे में ही बैठी रही वह। बूढ़ी दासी ने आकर कहा, "चल, खाना खा ले और सो जा। नखरे क्यों कर रही है? ऐसा तो होता ही रहता है।"

फिर भी रुक्मिणी बैठी रही। पुतली की दबे गले से रोने की आवाज़ सुनाई दे रही थी, 'ऊँ-ऊँ-ऊँ'। धीरे-धीरे वह उठी।

सवेरे दरवाज़ा खोला तो नाथू सिंह सामने था। रुक्मिणी को देखते ही समझ गया कि क्या बात है। उसने रुक्मिणी की प्रार्थना पर कोई ध्यान नहीं दिया। बोला, "ज्यादा नखरे करेगी तो कमू के साथ तेरी शादी तोड़ दूँगा।"

नाथू ने ख़ुद ही रुक्मिणी को गणेश के घर पहुँचा दिया। घर लौटकर बोला, "जो चाहता था, वही हुआ। अब गणेश मेरी बेटी को अपने यहाँ से नहीं भगाएगा। लड़की पैदा होने के बाद से ही मुझे डर लग रहा था। मेदिनी की बात याद है न?"

गणेश के हुक्म से रात का खाना-पीना ख़त्म करके रुक्मिणी उसके कमरे में ही आ जाती है। उसके मुँह पर नाचने वाली हँसी, उसके शब्द कहीं खो गए हैं। गणेश की बग़ल में लेटकर सारी रात जागते हुए ही कट जाती है। पुतली फिर से दुबली होने लगी है। रुक्मिणी पुतली की ओर देख भी नहीं पाती।

पुतली ख़ुद ही कहती है, "तू क्या करती? तू न होती तो कोई और होती। मेरे भाग्य में जो था, वही हुआ।"

"दीदी, भाग जाऊँ?"

"कहाँ जाएगी?"

"कमू के पास।"

"तुझे पकड़कर ले आएगा।"

"फिर क्या करूँ?"

"मैं खुद नहीं जानती, रुक्मिणी!"

दासियाँ बोलीं, "तेरे नखरे कम नहीं, रुक्मिणी! मालिक के साथ सोएगी और उधर मालकिन से मदद माँगेगी?"

"मदद न माँगूँ?"

"नहीं।"

"ठीक है, नहीं माँगूँगी।"

"इस तरह भुतही-सी क्यों होती जा रही है दिन-ब-दिन? तू नाथू और गंगा की औलाद है। तेरे जीवन में यह क्या कोई नई बात है? ये लोग कच्चा चबाने वाले हैं। यहाँ क्यों चली आई?"

"रामरूप पीछे पड़ गया था।"

"अब क्यों डरती है फिर? सोते में चौंक क्यों पड़ती है बार-बार? गिरधर ने कहा था, तीन महीने बाद कमू आएगा। तीन महीने तो हो रहे हैं।"

"कौन? कौन आएगा?"

रुक्मिणी काँपने लगी। हाथ से दाल का बर्तन गिर गया। दासियाँ एक-दूसरे की ओर देखने लगीं। बूढ़ी ने कहा, "यहाँ कौन देख रहा है कि क्या हुआ! तू रुक्मिणी को ले जा। जा। मैं मालिक का खाना लगा देती हूँ।"

"उस रात रुक्मिणी गणेश की बग़ल में निद्राहीन, अपलक अँधेरे में ताकती रही। तीन महीने। इतनी जल्दी तीन महीने पार हो गए। क्या वह किसी दुःस्वप्न की क़ैद में रही है? समय का हिसाब नहीं लगाया। गैबीनाथ से लौटते समय रास्ते में गिरधारी मिला था। उसने कहा था, 'कमू कागज पर सही कर रुपया लाएगा। तीन महीने लगेंगे। महाजन बनारस गया है।' तीन महीने होने जा रहे हैं। कमू आ पहुँचेगा। तब रुक्मिणी क्या करेगी?" अचानक कमू अहीर अगर आ ही पहुँचे तो! यह तो सिर्फ़ मालिक के साथ रहना नहीं है।

सवेरे छुट्टी लेकर रुक्मिणी गंगा के पास गई। गंगा से कानाफूसी में कई बातें हुईं। बोली, "पेट में बच्चा लेकर मैं कमू के पास न जा सकूँगी। तू दवाई ला दे।"

गंगा का मुँह सूख गया। बोली, "तू जा। मैं दवाई लेकर आती हूँ। दवा तो जानती थी भंगी बऊ। हाय राम! यह क्या हो गया?"

मंगालाल की स्त्री ने सब-कुछ सुनकर कहा, "पेट की लड़की को जानवर के घर भेजा? कोई भेजता है ऐसे?"

फिर उसने एक जड़ी दे दी। बोली, "गंगा, अगर असर होना होगा तो तीन दिन में हो जाएगा। नहीं तो नहीं होगा। क्या करें, पहले महीने ही आना चाहिए था।"

पिंजरे के पंछी की तरह क़ैद हो गई थी रुक्मिणी। उसे आजकल बाहर ही नहीं निकलने दिया जाता था। दवा लेकर गंगा बाय का दर्द भूलकर इधर-उधर दौड़ती-फिरती है। रुक्मिणी की खोज में नाथू सिंह के लिए उसकी ज़रूरत अठारह वर्ष

पहले रुक्मिणी के जन्म के बाद से ही ख़त्म हो चुकी है। अब गंगा और एक बूढ़ी गाय रहती है—परित्यक्त, गोशाला के छप्पर तले। जिन गो-धन से नाथू अमीर बना है वे सभी हरियाणवी गायें सीमेंट के फ़र्श वाली पक्की गोशाला में रहती हैं। अपने उसी छप्पर के नीचे गंगा ने रुक्मिणी को बिठाया और सिल पर जड़ी पीसकर खिला दी। बोली, "कुछ देर यहीं लेटी रह।"

गंगा आँगन धोने और घर में झाड़ू-बुहारू करने के लिए चली गई।

अचानक गोशाला बुहारने वाली मोरी आकर बोली, "ए गंगा! रुक्मिणी वहाँ लेटी छटपटा रही है, जा देख तो। तू नहीं जानती कि वह आई हुई है?"

"हे राम!" गंगा झाड़ू फेंककर दौड़ी। मोरी भी कौतूहलवश साथ हो ली।

रुक्मिणी ने कहा, "माँ, देह में भयानक पीड़ा है। साँस लेने में भी तकलीफ हो रही है।"

मोरी ने रुक्मिणी के चेहरे पर पानी छिड़का, आँचल से हवा की। गंगा कहने लगी, "ऐसा कैसे हुआ?"

लड़की की ओर देखकर उसने आँख से इशारा किया। रुक्मिणी ने उसका इशारा देख लिया और बड़ी तकलीफ़ से बोली, "कई दिनों से अच्छा नहीं लग रहा है।"

मोरी बरकंदाज़ की रखैल थी। वह इशारा तुरन्त समझ गई और पलक झपकते ही उनके पक्ष में शामिल हो गई। बोली, "अँगीठी की गरमी में खाना पकाने से शरीर में गर्मी छा गई है। सिर धो देती हूँ। तू लेटी रह। गंगा, तू चली जा। तेरा काम तो खत्म हो गया। मैं इसके पास रहूँगी।"

"मौसी, उल्टी करूँगी।"

"कर ले। खड़ी हो जा। मैं तुझे पकड़े रहूँगी।"

उल्टी में कल रात की खाई रोटी, भाजी, साग और अचार निकल आया।

मोरी बोली, "कहा था न मैंने। देह गरम हो गई है, हजम नहीं हुआ। आहा, ऐसी अच्छी-अच्छी चीजें निकल आईं रे?"

उल्टी करके मुँह धोकर रुक्मिणी फिर सो गई।

गंगा ने नाथू को सारी बात बता दी। नाथू ने कहा, "बीमार हुई है, उल्टी कर रही है। जा, कह आ कि ठीक हो जाने पर आएगी।"

गंगा ने वहाँ पहुँचकर गणेश से यही कहा। गणेश ने कहा, "उल्टी होती तो

क्या मैं इलाज नहीं कराता? ठीक है, जाओ। नहीं, अन्दर जाने की जरूरत नहीं। मैंने सुन लिया है।"

गंगा हाथ जोड़कर बोली, "जी, वह होश में नहीं है। बेहोश-सी पड़ी है। लगता है, बुखार भी हो गया है।" फिर उसने पेंच लगाया और बोली, "देह में कुछ लाल-लाल दाग-से भी दीख रहे हैं। कहीं चेचक न निकल आई हो! मेहरबानी हो तो उसे कुछ दिन अपने पास ही रख लूँ।"

"चेचक?" भौंहें सिकोड़ते हुए गणेश बोला, "हाँ, हाँ, अपने पास ही रखो। ख्वामख्वाह डर रही हो। एक-दो दिन में ठीक हो जाएगी, तब भेज देना। नौकरानी रखकर उनकी खोज-खबर लेने मैं तो जाने से रहा। तुम्हीं दे जाना उसे।"

"जी, मालिक!"

गंगा लँगड़ाते-लँगड़ाते लौटी। नाथू ने कहा, "बदहजमी से उल्टी हुई है। मगर बेहोश क्यों है?"

नाथू की स्त्री भी उसे देखने आई। बोली, "कोई खराब हवा लग गई होगी, गंगा! अच्छी तरह नहलाकर धुला कपड़ा पहना दे। मोरी पानी पढ़कर पिला देगी। वह जानती है ये सब चीजें।"

दरअसल रुक्मिणी सो रही थी। बहुत दिनों की अधूरी नींद। माँ के फटे बिछौने पर पूरी बेफ़िक्री के साथ सो रही थी वह। शाम को नींद टूटी। बोली, "माँ, सिर फटा जा रहा है। अजीब-सा महसूस हो रहा है।"

"थोड़ा सहन कर।"

"हाँ, माँ। अब मैं नहाऊँगी।"

"इतनी शाम को?"

"देह मैली लग रही है न!"

कुएँ के चबूतरे पर बैठकर रुक्मिणी नहाती है। माँ की धोती पहनती है। थोड़ा-सा गुड़ का शरबत पीती है। शरीर फिर से अस्थिर हो उठता है।

"माँ, माँ! पास ही में रहो।"

"थोड़ा सहन कर।"

"कमू से मत कहना।"

"नहीं, बिटिया!"

"उसी समय अगर उसके साथ चली जाती तो कैसा रहता!"

"यहीं से चली जाना।"

"तेरा रुपया।"

"नहीं लूँगी रुपया।"

"भाग जाऊँगी?"

"हाँ रे! बहुत दूर।"

यंत्रणा से रुक्मिणी छटपटा रही थी। बोली, "किसी भी मालिक का दिल अपनी घरवाली से नहीं बहलता। इसीलिए इतनी तकलीफ है...। बहुत जलन है!"

"ले, पानी पी ले।"

"नहीं, उल्टी हो जाएगी।"

नींद-भरी आँखों से रुक्मिणी बोली, "तेरे पेट से मैं पैदा हुई। मेरा भी कोई-न-कोई बाप था। गणेश को सब पता है। उसे समझाओ, कुँवारी के लड़के को कमीन कहा जाता है, कमीन! कहता था, 'तेरे लड़का होने पर हम उसे गोद ले लेंगे।' लेकिन माँ, मैं मालिक के किसी कमीन बेटे की माँ नहीं बनना चाहती। कमू ने कहा था...।"

"अब तू सो जा।"

गंगा पाँव पसारे बैठी रही। वात से फूले दाएँ पैर की ओर देखती रही। मच्छर भगाने के लिए उसने कंडे जला दिये थे। कंडे राख हो गए हैं। मच्छर भिनभिनाने लगे हैं। रुक्मिणी की ओर देखकर उसकी व्यवहृत, जूठी; परित्यक्त, अँधेरे में डूबी और निर्वासित आत्मा की गहराई में कोई चीज़ काँप उठी। कितनी ही बातें। आज़ादी नहीं थी। आज़ादी आई। गंगा जैसी औरतों को आज़ादी का पता ही न चला। उनके पुरुषों का जीवन मालिकों के हाथों में है, और लड़कियाँ हैं मालिकों के लिए। घर-घर का एक ही इतिहास है। मालिकों की ज़मीनों पर काम करना, हर साल क़र्ज़ लेना, और ज़मीन से हाथ धो बैठने पर नंगे भिखारी बनकर मालिक की ज़र-ख़रीद प्रजा बन जाना।

गंगा का पति भी इन्हीं में से एक था। भूमिहीन, सब तरह से हीन खेतिहर। उसने जिसके हाथ अपनी ज़मीन गँवाई, उसी मालिक का खेत-मज़दूर बन गया। वैसे यह क़ानून भी इन्हीं गाँवों के मालिकों का बनाया हुआ है। सब-कुछ खो बैठने पर, किसी दूसरी जगह जाने तक की आज़ादी नहीं इनको। गंगा को भी नहीं, उसके

पति को भी नहीं। लेकिन दुसाधों ने नया काम कर दिखाया। रुक्मिणी की जवानी जितने दिनों तक रहेगी, मेहनत करने की क्षमता उसमें जितने दिनों तक रहेगी, उतने दिनों तक उसे दुलारा जाएगा। उसके बाद गंगा की तरह उसे बूढ़ी गाय के साथ एक छप्पर के नीचे रहना पड़ेगा।

गंगा के बाद नाथू सिंह ने लखपतिया को पकड़ लिया था। अब साठ साल के बुड्ढे ने मोरी से कहा है, "अपनी नतनी को इधर भेज देना। मेरा काम करेगी।"

मोरी ने उसी समय अपनी नतनी को जँवाई के यहाँ भेज दिया। एक बार रुक्मिणी के पेट का दुश्मन दफ़ा हो जाए, गंगा कमू से रुपया नहीं लेगी। लड़की बेचकर रुपया कमाने का विचार उसके दिमाग़ में क्यों आया? दवाई का असर हो सकता है। मंगालाल की स्त्री की दवाई कभी नाकाम नहीं होती।

मोरी कालिख-पुती लालटेन लेकर आई। बिना भूमिका बाँधे बोली, "दवाई दी थी क्या? पेट ठहरा है क्या?"

गंगा ने सिर हिलाया।

मोरी ने सिर पीट लिया। फिर बोली, "इस बार आफत टल जाए तो मैं खुद उसे कमू के पास पहुँचा दूँगी। इनके अपने घरों में चैन नहीं और इनके घरों का मैला ढोते-ढोते हम भी मरें। इस ह़रामी बरकंदाज के लिए न जाने कितनी बार मैंने मंगालाल की बहू से दवाई लेकर खाई है।"

"असर होता था?"

"हुआ तो था।"

"दीदी, पैर पड़ती हूँ। किसी को बताना नहीं।"

"नहीं, किसी को नहीं बताऊँगी। यह दुख तो घर-घर में छाया है। किससे कहूँ, बता? बरकंदाज मेरे कन्धे पर लदा रहा। आज मैं इनकी गोशाला साफ करके दो मुट्ठी सत्तू पर गुजारा करती हूँ। नाथू ने तुझे...। अब अपना हाल देख। कितने दिनों से रात में मुझे दिखाई नहीं देता। तू लँगड़ी हो गई है।"

"रुक्मिणी की शादी हो जाए तो मैं यहाँ से चली जाऊँगी।"

"कहाँ?"

"तोहरी में भीख माँगूँगी।"

"हे राम! मैं भी जाऊँगी।"

"तेरे तो सभी जिन्दा हैं।"

"खाना कोई नहीं देता। और दे भी कहाँ से?"

दोनों रुक्मिणी के अगल-बग़ल लेट जाती हैं और सो जाती हैं।

आशंका से भरे तीन दिन बीत गए। कई बार रुक्मिणी को उल्टी और दस्त हुए, लेकिन जो वह चाहती थी, नहीं हुआ। गंगा दुबारा भंगी टोले में गई। मंगालाल की बहू ने सब-कुछ सुनकर सिर हिला दिया। गंगा सामने बैठी लगातार आँसू बहाती रही। कमू के साथ रुक्मिणी की शादी की बात भी उसने उसे बता दी। उसके बाद वह लौट आई। माँ का चेहरा देखते ही रुक्मिणी सब-कुछ समझ गई। फिर रुक्मिणी ने कुछ नहीं कहा। माँ घर के अन्दर गई तो वह भी साथ हो ली।

नाथू की स्त्री ने पूछा, "अच्छी हो गई?"

"हाँ, मालकिन!"

"काम पर जाएगी न?"

"कल जाऊँगी।"

गंगा और मोरी, दोनों एक साथ बोलीं, "क्या बात करती है!"

रुक्मिणी मुसकराई। बोली, "माँ! तेरे बदन में काफी मैल जमा हो गया है। चल स्नान करा दूँ। चल मौसी तू भी, आज तालाब पर चल!"

तालाब के किनारे तीनों काफ़ी देर तक बदन रगड़ती रहीं। फिर उन्होंने बाल धोए। उसके बाद नहाईं।

रुक्मिणी बोली, "आज मैं ठीक हूँ, माँ! खाना मैं पकाती हूँ। मौसी, तुम भी अपना खाना ले आओ। एक साथ खाते हैं।"

खाते समय, बड़े स्वाभाविक ढंग से रुक्मिणी बोली, "माँ! कितने महीने से उसके यहाँ जा रही हूँ। महीने में पाँच रुपये देने को कहा था, आज तक एक पैसा भी नहीं दिया।"

"माँग लेना।"

"तुम्हीं माँग लेना, माँ!"

"क्यों?"

"क्यों क्या?"

"चाँदी के झुमका उतारकर दीदी के पास रखे थे, लेना भूल गई।"

"माँग लेना।"

"तुम्हीं ले लेना।"

"तू नहीं माँगेगी?"

"नहीं माँ! मौसी, मैं कमू के पास जाती हूँ।"

"ठीक है, वहीं जा बेटी। सब-कुछ उससे कह दे। मारे-पीटे, जो भी कहे, अपनी गलती मान लेना। रुपया उसके पास होगा। दोनों यहाँ से चले जाना।"

मोरी बोली, "बस में चढ़ जाना, रामगढ़ होते हुए धनबाद।"

"वही करेंगे।"

गंगा और मोरी काफ़ी निश्चिन्त हो जाती हैं। सारा दिन रुक्मिणी हलके मन से बातचीत करती रहती है। शाम को माँ के साथ मिलकर झाड़ू-सफ़ाई करती है। हाथों-हाथ सारे काम कर डालती है। नाथू की घरवाली कहती है, "क्या बात है, आज गुड़िया माँ के आँचल से चिपकी हुई है?"

रुक्मिणी थोड़ा मुसकराई।

रुक्मिणी रात को भी माँ से लिपटकर सोई। रुक्मिणी को स्वस्थ देखकर गंगा को नींद आ गई, गहरी नींद।

गंगा काफ़ी सवेरे उठी, लेकिन उसने रुक्मिणी को बिस्तर पर नहीं पाया। चली गई, मुझे बिना जगाए ही चली गई? गंगा बहुत हैरान थी। इतने सवेरे क्या वह कमू के पास चली गई या गणेश के घर कपड़े लेने गई है? कमू के यहाँ जाते हुए तो उसे मोरी को भी बुलाना था। कल ऐसा ही निश्चित किया गया था। वह मोरी के घर जाने के लिए निकलती है। मोरी, मोरी का लड़का, उसकी बहू, नाती, बिगुलाल, लखपतिया—इतने सारे लोग उसके घर की ओर क्यों आ रहे हैं? गंगा और आगे बढ़ जाती है। तभी मोरी की तीखी तेज़ चीख़ सुनाई पड़ती है। वह तुरन्त समझ जाती है कि उसका सर्वनाश हो गया है।

गणेश ने भंगी टोले को जलाया। गणेश ने रुक्मिणी को बरबाद किया। सभी की नज़र गणेश की ओर खींचती हुई भंगी टोले में एक अधजले अमड़े के पेड़ की डाल से रुक्मिणी लटक रही थी। गंगा बेहोश हो जाती है। बिगुलाल का लड़का बैलगाड़ी पर से छान काटकर रुक्मिणी को उस पर से उतारता है। जिस साड़ी का फंदा उसने गले में लगाया था, उसी साड़ी से ही उसे ढक देता है। लखपतिया गंगा

के चेहरे पर पानी छिड़कती है। गंगा उठ बैठती है। रुक्मिणी से लिपटकर कहती है, "अब कमू से मैं क्या कहूँगी?"

लोग इकट्ठा होने लगे, बहुत-से लोग। गंगा रो-रोकर कह रही थी, "बहन जानकर भी नहीं माना। रामरूप की नजर थी इस पर।" वह जोरों से रोने लगी, "फिर इसे लड़की के घर भेज दिया। गणेश ने गर्भवती बनाकर ही छोड़ा इसे। भंगी की बहू की दवाई भी काम नहीं आई। तू तो कह रही थी, 'कमू के पास जाएगी।' यह क्या किया, रे रुक्मिणी!"

बिगुलाल बोला, "गंगा! अब उठ। कुछ काम है।"

"काम! क्या काम है?"

"इसे तोहरी ले जा।"

"क्यों?"

"थाने में।"

"क्या होगा? पुलिस काटने-पीटने के अलावा क्या करेगी?"

बिगुलाल अपने लड़के और दूसरे अन्य मर्दों से कहता है, "जो होना था, वह तो हो गया। अब गंगा जो कह रही है..."

मोरी थूककर बोली, "सच्ची बात कह रही है।"

"हम भी इसे सच मानते हैं। लेकिन जब ये बातें मालिकों के कान तक पहुँचेंगी तो क्या होगा, जानती है? रुक्मिणी को जलाकर हम तो अपने-अपने घर लौट जाएँगे। वे गंगा को इन बातों के कहने पर मारेंगे। हो सकता है, हमारे ऊपर भी जुलुम करें। कहेंगे, तुम लोगों ने उसकी बात सुनी ही क्यों?"

धनपतिया का आदमी सुखीराम जेल और पुलिस को जानता है। वह बोला, "थाने में जा रहे हो तो क्या गणेश सिंह के खिलाफ रिपोर्ट दर्ज करानी है?"

"गंगा लिखाएगी।"

"वह जो कहेगी, उसका सबूत क्या होगा?"

गंगा बोली, "रुक्मिणी ने बताई हैं सब बातें। क्या वो झूठ बोली है?"

"ना मौसी! लेकिन मालिक और पुलिस एक ही टोपी के होते हैं। फिर जिसे सब-कुछ मालूम था, वह तो चली गई। मालिक ने कह दिया कि मैंने कुछ नहीं किया तो क्या करोगी? पहले इन सभी बातों पर विचार कर लो।"

बिगुलाल कुछ सोचता है। इसी साल कुछ महीने पहले ही बिगुलाल क़र्ज़ के

कारण नाथू सिंह के बही-खाते में अपनी हिस्सेदारी खो चुका है। वह घाव अभी भी ताज़ा है। लखपतिया के मामले में भी नाथू सिंह ने कोई दया नहीं दिखाई। रुक्मिणी नाथू की ही लड़की थी।

उसने कहा, "थाने में जाएँ या न जाएँ, बाद में सोचा जाएगा।"

"जी नहीं। पहले तय कीजिए।"

"यह भी बात ठीक है कि पुलिस रिपोर्ट दर्ज नहीं करेगी।"

"दर्ज करने पर भी कुछ नहीं करेंगे।"

"तब तो इसे जला देना ही ठीक होगा।"

"हाँ जी।"

बिगुलाल खँखारकर कहने लगा, "रुक्मिणी ने गले में फंदा लगाया था। कोई पूजा-ऊजा भी करनी होगी।"

"हाँ जी।"

"गंगा हमारी बिरादरी की बहन है और हम सभी लोग पहले जर-खरीद प्रजा थे और अब हैं खेत-मजदूर।"

"यह भी ठीक।"

"लेकिन पैसा कहाँ है? गंगा सच कहती है। मालिक या पुलिस न भी माने, हम सभी जानते हैं। जब तक हमारे घरों में माँ, औरतें, बहनें, बेटियाँ रहेंगी, तब तक हम इस बात को जानते रहेंगे। बस, अब चलो। उठाओ रुक्मिणी को। मोरी, धनपतिया, तुम लोग गंगा को सहारा देकर धीरे-धीरे ले चलो। होशियारी से।"

रुक्मिणी को ढोकर सबसे पहले नाथू सिंह के घर लाया गया। नाथू सिंह तमतमाता चेहरा लिये आ खड़ा हुआ। बोला, "अफसोस है!"

बिगुलाल बोला, "मालिक, आपने ही उसे गणेश के घर भेजा था। वहाँ वह पिंजरे में बन्द रही। तीन दिन पहले घर लौटी थी, पेट में तीन महीने का बच्चा लिये। कमू के साथ शादी नहीं होगी। इसी बात के गम से उसे अपने से घिन लगने लगी थी। इसलिए गले में फंदा लगा लिया रुक्मिणी ने। अब क्या करें? तोहरी ले जाएँ? पुलिस चीर-फाड़ करेगी या जला दें? हमारा कहना है कि जला देते हैं, क्योंकि मालिक चीर-फाड़ करने से मालूम हो जाएगा कि रुक्मिणी के पेट में बच्चा है। तब मालूम किया जाए कि उसके साथ किसने कुकर्म किया?"

नाथ सिंह ने कहा, "बिगु, यह क्या चिल्लाकर बोलने की बात है?"

"हमें क्या मालूम? गंगा और रुक्मिणी आपकी हिफाजत में थीं। आपने उसे वहाँ भेजा था। वहाँ उसने चाँद-सूरज तो देखे नहीं, फिर गर्भवती कैसे हुई? हम लोग तो हैरान हैं।"

"क्या होगा अब? तुम लोग क्या चाहते हो?"

"रुपया चाहिए, मालिक! रुक्मिणी को जलाएँगे, क्रिया-करम करने से प्रायश्चित्त होगा। गंगा अपनी सारी बिरादरी को भोज देगी। नहीं तो हम इसे यहीं छोड़ जाते हैं। आप ही सारा इन्तजाम कीजिए। आपकी हिफाजत में ही थी यह लड़की।"

नाथू सिंह मन-ही-मन बिगुलाल को गाली देता है। फिर इस फैलती बदनामी का मुँह बन्द करने के लिए निकालता है एक सौ का नोट। कहता है, "सिधा ले जा।"

बिगुलाल नाथू सिंह की आँखों में आँखें गड़ाकर सोचता है, 'जमीन मत लो, खेत-मजदूर मत बनाओ।' बिगुलाल यही कहकर तो रोया था। फिर वह थोड़ा मुसकराता है और कहता है, "छोटे आदमियों के मुरदे को लेकर और चिन्ता न करें मालिक! आप आराम कीजिए।"

रुक्मिणी को लेकर वे लोग चन्द्रभान के मकान की ओर चल पड़ते हैं। नाथू सिंह ज़मीन पर बैठ जाता है और कहता है, "यह क्या हो गया?"

उसकी औरत बोली, "तुम्हें क्या? गणेश की मुसीबत है यह।"

"मुसीबत मेरी हो या गणेश की या चन्द्रभान की—सभी का सर्वनाश समझो। इस बात को लेकर वे रुपये इकट्ठा कर रहे हैं। इतना साहस?"

औरत बोली, "अब सोचने से भी क्या होगा?"

जीते-जी तो नहीं, लेकिन मरने के बाद रुक्मिणी ने अपना असली परिचय दिया। राजपूत मालिक इस अप्रत्याशित घटना से घबराकर फटाफट रुपये देने लगे। धीरे-धीरे दूर से एक विचित्र शव-यात्रा को देखकर दुसाध और भंगी भी दौड़े-दौड़े आते हैं। गणेश की हवेली के सामने शव को लिये पहुँचते हैं तो क़रीब दो-ढाई सौ लोग जमा हो जाते हैं।

बिगुलाल आवाज़ देता है, "मालिक! मालिक!"

गणेश बाहर आता है। दुसाध, भंगी—सभी ख़ामोश ख़ूँखार नज़रों से उसे देख रहे हैं।

"यह क्या?"

बिगुलाल मुसकराया और ऊँची आवाज़ में बोला, "देख लीजिए, मालिक! लड़की नाथू सिंह की हिफाजत में थी। उसने उसे आपकी हिफाजत में भेज दिया था।" फिर भीड़ की ओर रुख़ करते हुए बोला, "कमू अहीर के साथ उसकी शादी होने वाली थी।" फिर रुककर गणेश की ओर मुड़ा और कहने लगा, "आपने काफी यत्न से रखा उसे। चाँद और सूरज तक ने उसका मुँह नहीं देखा। लेकिन मालिक, तीन दिन पहले मालूम हुआ कि वह तीन महीने की गर्भवती है।"

"क्या?"

"गर्भवती, मालिक! पेट में बच्चा! नहीं समझे? आपके घर के अन्दर की नौकरानी। उस घर में आपके अलावा कोई पुरुष नहीं घुस सकता। लेकिन वह गर्भवती हुई। इसी बात से उसे अपने से घिन पैदा हो गई थी। आज तड़के उसने गले में फंदा डाल लिया। घर-घर घूमकर मालिकों से दाह-खर्च जुटाया है उसके लिए। यहीं रहती थी, इसलिए आपको भी एक बार उसके दर्शन कराने के लिए लाए हैं। भाइयो, अब बाजा बजाओ।"

तुरही और नगाड़ा बजने लगता है और दो सौ लोग एक साथ चिल्ला उठते हैं, "राम नाम सत्य है।"

गणेश भीतर जाकर दरवाज़ा बन्द कर लेता है। बिगुलाल वग़ैरा चले जाते हैं।

सात

रुक्मिणी की आत्महत्या और शव-दाह को इस प्रकार एक अर्थ मिलता है। इस घटना की एक निश्चित प्रतिक्रिया भी होती है। गजमोती, चन्द्रभान आदि सभी मालिक लोग मन-ही-मन असन्तुष्ट हैं। रामरूप नाथू सिंह से कहता है, "सभी गणेश को जिम्मेदार ठहरा रहे हैं।"

"रहने दो ये बातें।"

"रुक्मिणी उसी के कारण मरी है, दुसाध-भंगी फिर से गाँव में घुसे और खेत-मजदूरों ने दल बनाकर रुक्मिणी के क्रिया-कर्म के लिए चन्दा उगाहा है।"

नाथू सिंह की आँखों के सामने रुक्मिणी का मृत चेहरा लगातार बना रहता है। वह उसके प्रेत-भय से पीड़ित है। कहता है, "गंगा अगर रुपयों की माँग न रखती तो कमू के साथ उसकी शादी कभी की हो जाती। इतना बड़ा कांड भी न होता।"

गजमोती सिंह कहता है, "गणेश ने उस दूसरी लड़की के लालच में भंगी टोले को आग लगाई। उसके बाद भी नाथू सिंह ने अपनी लड़की को गणेश के पास क्यों भेजा?"

"गजमोती ने भी उसकी माँग की थी।"

"जी, यह तो होता ही है, लेकिन आत्मघाती कौन होता है?"

"गंगा भी मुँह पर लात मारकर चली गई।"

"आत्मघाती कौन होता है?"

यह बात लछिमा गंगा से कह रही थी, "गंगा, जो होना था सो हो गया। अब कुएँ में क्यों कूदती हो? जानती हो, आत्मघाती कौन होता है?"

"अब बरदास्त नहीं होता, लछिमा!"

दरअसल गंगा को आत्मघात की कोशिश करते हुए लछिमा ने ही देखा था। मोरी के पास से उठकर आई थी गंगा। उसे सीने से लगाए रखा था लछिमा ने बहुत देर तक। दुख से बोली, "क्या से क्या हो गया?"

"मैं क्या करूँ?"

"मेरे घर चलो।"

"नहीं," गहरी साँस छोड़कर गंगा बोली, "चलो, मोरी के यहाँ ही चलें। मुझे न पाकर चिन्तित होगी।"

बिगुलाल, मोरी, लखपतिया—सभी लोग बत्ती उठाए गंगा को पुकारते हुए इसी तरफ़ आ रहे थे। लछिमा के साथ गंगा को देखकर मोरी बोली, "छोड़ दे इसे। तूने ही गणेश को पाला-पोसा है।"

लछिमा गंगा को उनके पास तक ले आई और बोली, "शोक से व्याकुल है। कुएँ में कूदने जा रही थी।"

"लछिमा ने बचाया," गंगा बोली।

लछिमा बोली, "सुन मोरी, उस दिन रुक्मिणी की लाश उठाकर ले जाते समय बिगुलाल ने मेरे घर की ओर थूका था। ठीक ही किया था उसने। घिन लगती है मुझसे और मेरे घर से भी। लेकिन मोरी, मैंने जो कुछ भी किया, क्या अपनी मरजी से किया था? तुम्हीं लोग बताओ। रुक्मिणी जैसा हाल होता तो मुझे भी मरना पड़ता।"

बिगुलाल ने कहा, "इन सब बातों को अब कहने से क्या होगा, लछिमा?"

"नहीं, कहने दो मुझे। गुलाल, मेरी नानी ने मुझे मेदिनी के पास गिरवी रख दिया था। मुझे उन लोगों ने क्या दिया है? तुम लोग जमीन देखते हो, वह भी गुलाल से तय था। मोहरकरन को भूल गए, बिगुलाल? मैंने खुद तुम्हारी लड़की के साथ उसकी शादी की बात नहीं की थी क्या? क्यों की थी? गणेश को क्यों पाला-पोसा था मैंने? मेरे चेहरे पर थूकते हो? मुझे लात मारो। क्या तुम्हें नहीं पता कि मेरे पति पर उसने कैसा अधिकार जमा रखा है, उसे क्यों पैदायशी गुलाम बना रखा है? लो मारो मुझे। गंगा, तू भी मार लात, पर मेरा यह भी कहना है कि उन्होंने जब नवजात शिशु को मुझ पर लाद दिया था तो मैंने उसे पाला-पोसा और अगर वह जानवर बनता है तो इसमें मेरी गलती कहाँ है?"

बिगुलाल कहने लगा, "बस करो लछिमा! रोओ मत। मोरी ने जो कुछ कहा, उसे भूल जाओ। गुस्से और दुख से जो इतनी बातें कहीं तूने, हमने क्या तुम लोगों को समाज में वापिस नहीं लिया है? क्या करें हम भी, लछिमा? एक-एक करके सबकी जमीनें चली गईं, और अब हमारी जान पर मालिकों का कब्जा है। जब भी जरूरत होती है, अपने खेतों में काम कराते हैं। इसके लिए साल-भर पेट बाँधकर पड़े रहो। पैदायशी गुलाम कौन नहीं है, बोलो तो?"

लछिमा उन लोगों को रुकने के लिए कहती है और पति की सहायता से घर के अन्दर से दो बोरी खींचकर ले आती है। कहती है, "यह ले जाओ बिगुलाल! ये तो घर पर खाते नहीं हैं। हम दो जने हैं, इतनी ही फसल उठाई थी। हाथ जोड़ती हूँ, इसे घर ले जाना। कल बोरी वापस कर देना।"

"लौटाएँगे कैसे?"

"छि:-छि:, बिगुलाल!"

मोरी बोली, "बोरी उठाकर घर ले चल अब।"

बिगुलाल जाते समय बोला, "साल में छह महीने खाएँगे, छह महीना क्या करेंगे? एक और बाड़ा बन गया है जंगल के बाहर। हम लोग भी वहीं चले जाएँगे और क्या करेंगे?"

"घर मत छोड़ना बिगुलाल, वरना वह उसे जला देगा।"

"परमिट बनवाकर लकड़ी बटोरेंगे छह महीने।"

"राँका दुसाध से पूछ लेना पहले।"

गंगा को साथ लेकर वे लोग चले जाते हैं। धीरे-धीरे लछिमा घर के भीतर आकर हरोआ से कहती है, "गंगा को अपने यहाँ रखने के जुर्म में मोरी के घर वालों पर भी जुलुम हो सकता है।"

लछिमा की बात सही निकलती है। तभी नाथू सिंह के घर से नौकर आया और उसने कहा, "मोरी, तू गोशाला साफ करने क्यों नहीं आई?"

"अब नहीं जाऊँगी, भरत!"

"क्यों?"

"चल, मैं खुद बता आती हूँ।"

घर में नहीं घुसती मोरी। बाहर ही उकड़ूँ, बैठ जाती है—दस जनों की तरह, बेगार खटते ख़रीदी प्रजाओं की तरह। बरकंदाज़ की रखैल होने के नाते अब जैसे इस मकान के भीतर गोशाला में, झाड़ू-बाल्टी में उसका विशेषाधिकार नहीं रहा। जैसे अभी कुछ दिन पहले नाथू सिंह ने उससे नहीं कहा था, "कोई और जवान लड़की देख। लखपतिया सूखती जा रही है।"

नाथू सिंह कचहरी में आकर बैठा और बोला, "यह क्या, मोरी? यहाँ क्यों बैठी है? जा, अन्दर जा।"

"ना मालिक!"

"इसका मतलब?"

"अब और मेहनत नहीं होती," कहकर मोरी खड़ी हो जाती है। फिर बोली, "बीस साल की उम्र से इस घर में आई थी। तुम्हारे बाप की बहुत सेवा की है मैंने। अब शरीर में दम नहीं है। अब अपने घर में ही रहूँगी।"

"ओह, समझा।"

"चलें, मालिक!"

"गंगा को भेज देना। तुम लोगों को खाना नहीं मिलता, लेकिन उसे क्यों सुखाते हो? यहाँ वह पहले जैसे रह रही थी, अब भी वैसे ही रहे। सारा जीवन उसने यहीं बिताया है। कहना कि अब उसे कोई काम नहीं करना होगा। बस, खाएगी-पिएगी और आराम से रहेगी।"

"कह दूँगी।"

मोरी चली जाती है। पहले जैसी नरम आवाज़ में न तो उसने नाथू सिंह को बातचीत में एक बार भी 'मालिक' कहा और न ही उसे प्रणाम ही किया। नाथू सिंह को पता चलता है कि इन नीच जातियों की तरह अकृतज्ञ और कोई नहीं हो सकता। उसी के बाप की रखैल थी मोरी। यदि उसका बाप उसे ज़मीन वग़ैरह देकर बसा नहीं गया तो इसमें नाथू सिंह का क्या दोष है? उसने अपने पिता की इज़्ज़त का ख़याल रखकर ही मोरी को गोशाला साफ़ करने पर लगाया था। वह अक्सर फटे कपड़ों में होती है। वैसे भी ये लोग कपड़े कुछ ज़्यादा ही फाड़ते हैं। मोरी को तीन साल पहले ही कपड़े दिये थे। उसकी अपनी भूतपूर्व रखैल गंगा को ही देखो। मोरी जैसा ही चेहरा बनाए घूमती है। साल में कपड़ों की एक जोड़ी भी नहीं मिलती है, क्या? कमीने हैं कमीने! और लखपतिया, इसका बाप बिगुलाल क़र्ज़ न चुका पाने के कारण उसने उसकी ज़मीन हड़प ली है। किसी दिन वह भी कह देगी, 'और न आइयो, मालिक!'

नाथू सिंह रामरूप से अपने मन की बात कहता है, "अभी आगे और भी खतरा है। हमें एकजुट होना होगा।"

"क्यों?"

"मुझे तो लगता है कि जाड़े की कटाई तक शायद खेत-मजदूर ही न टिक पाएँ।"

"ऐसा क्यों? आप, गजमोती सिंह वगैरह औरत को, खास कर अछूत औरत को कुछ समझते ही नहीं हैं। लेकिन जी, यह उन्नीस सौ चौंसठ है। एक-न-एक दिन बाड़े में भी नीच जातियों के दिमाग बिगड़ेंगे। सभी जगह बिगड़ रहे हैं। इसका फैसला भी तो करना होगा।"

"गणेश को बुलाएँ?"

रामरूप अपनी बहन को अपनी जान से ज़्यादा प्यार करता हो, ऐसी बात नहीं है, लेकिन वह अभी पूरी तरह 'मालिक' नहीं है। इसलिए पूरी तरह अमानुष

नहीं बना है। कहता है, "हूँ! गणेश देवता का अंश है। एक देवता के लिए मेरी बहन की जिन्दगी बरबाद हो गई। भंगियों और दुसाधों को एकजुट होने का मौका मिल गया। रुक्मिणी के कारण हमारी भी बदनामी हुई। उस दूसरी लड़की के साथ बदमाशी करने के चक्कर में एस.डी.ओ. भी हम मालिकों पर आँख उठाने की हिम्मत कर सका। उस लड़की का बाप जवाहरलाल के साथ खाना खाता है और उसे गणेश ने समझा कि रंडी है। फिर रुक्मिणी वाली बात को ही लो। हम उनके सम्बन्धी हैं। हमने उन्हें नौकरानी दी थी। उस पर कम जुल्म नहीं हुआ? गणेश की वजह से ही हर घर में संडास तोड़ना पड़ा। अब हम किसी अफसर या मंत्री को अपने घरों में नहीं ला सकते। मैं, चन्द्रभान, गजमोती का लड़का सगर सिंह—कोई भी गणेश की बात नहीं मानेंगे।"

अचानक रामरूप चिल्लाकर कहने लगा, "ठीक है, गणेश सिंह दामाद है। गजमोती के घर रुक्मिणी को भेजते तो वह वहाँ गर्भवती नहीं होती, क्योंकि गजमोती अस्सी साल का बूढ़ा है। बीमारी के कारण काफी दिन से वह रात को काम नहीं कर सकता। आपने अपने लड़के को छोटा किया, उसे दबाया और अपने दामाद को बड़ा बनाया। घर की इज्जत धूल में मिला दी आपने, समझे?"

"बस, बस, अब चुप भी करो।"

"अभी भी छोटा कर रहे हैं आप। मोरी गई, गंगा गई तो क्या हुआ? इतनी मिन्नतें करके उन्हें बुलाने की क्या जरूरत है? जो कुछ भी हुआ है, सब गणेश के कारण हुआ है। सबको जाने दीजिए। हम लोग चुप तो रहेंगे। और गणेश के कारण यदि सभी अछूत भाग गए, तो क्या आप और मैं अपने हाथों में हल पकड़ेंगे?"

"जो ठीक समझ आए, करो, मैं अब किसी बात में नहीं पड़ना चाहता।"

रामरूप और उसकी माँ शायद किसी एक समझौते पर पहुँचते हैं। रामरूप की माँ लड़के से बोली, "तुम्हारा बाप मोरी को क्यों ढूँढ़ रहा है, मालूम है? धामनी, गंगा, लखपतिया—सभी आईं और गईं। अब साठ साल की उम्र में फिर जवान लड़की चाहिए।"

"नहीं, ऐसा नहीं होना चाहिए। रुक्मिणी के मरने के बाद अब और अछूत लड़कियों को लेकर खींचा-तानी करने से कोई हंगामा खड़ा हो जाएगा।"

"मोरी अपने घर में न आने पाए।"

"तुम शान्ति से पूजा-पाठ में लगी रहो, माँ! सारा बन्दोबस्त मेरे ऊपर छोड़ दो। चिन्ता न करो।"

"रामू, अब तेरी बीवी को ले आते हैं।"

"कटाई हो जाने दो।"

"गंगा आ जाती तो अच्छा रहता। वह बाहर रही तो बात फैलेगी।"

"देखते हैं।"

गंगा सभी के सामने अपनी समझदारी जताती है। बिगुलाल से बोली, "उस मकान में अब नहीं घुसूँगी। उम्र काट दी उस मकान में, लेकिन वहाँ से जो कुछ मिला है, तुम लोग जानते ही हो। दुख से नहीं डरती हूँ। दुख में तुम लोगों का साथ देती जरूर, लेकिन मेरे यहाँ रहने पर नाथू सिंह तुम लोगों पर जुलुम ढाएगा।"

"तो कहाँ जाओगी?"

"कहाँ? तोहरी में।"

"वहाँ क्या करोगी?"

"क्या करूँगी? भीख माँगूँगी।"

मोरी बोली, "हम भी चलेंगे तुम्हारे साथ।"

बरकंदाज़ सिंह और नाथू सिंह—बाप-बेटे, दोनों की भूतपूर्व रखैलें, अपने-अपने मालिकों को अपना जीवन, अपना यौवन, अपनी क्षमता, अपना सर्वस्व सौंपकर सभी अछूत-रखैलों की प्रतीक बनकर सड़क पर निकल आईं—चिथड़े पहने, बग़ल में पोटली दबाए, हाथ में एल्मुनियम के बेडौल कटोरे लेकर। गंगा के हाथ में लाठी भी थी। उन्हें छोड़ने के लिए गाँव के लोग कुछ दूर तक आते हैं।

बिगुलाल बोला, "जंगल के रास्ते जाना। छाँव मिलेगी।"

"वह रास्ता नहीं जानते हम।"

"राँका से कह देता हूँ।"

राँका दुसाध उन लोगों को जंगल के रास्ते दूर तक छोड़ आता है।

आज़ादी—असीम मुक्ति का स्वाद मिला मोरी और गंगा को। रुक्मिणी उन्हें आज़ादी दिला गई। राँका उनकी ओर देखता था और सिर हिलाता था। मोरी बोली, "किसी पेड़ के नीचे जा बैठेंगे। जो मिलेगा, खा लेंगे। नहीं मिला तो मर जाएँगे।"

"हाँ।"

रुक्मिणी की आत्महत्या का एक और भी अप्रत्याशित परिणाम निकलता है। गंगा और मोरी के चले जाने की घटना की चर्चा गाँव में हर स्तर पर होती है। गणेश की हवेली में पुतली के मन पर क्या गुज़री है, मालूम नहीं। लेकिन रात को मिसिर चौंककर उठता है। उसे ऐसा लगता है कि जैसे कोई रो रहा हो! किसी लड़की के रोने की आवाज़। शुरू में उसे प्रेत-भय सताने लगा। तभी उसे गणेश की गरज-तरज सुनाई दी, "रात को बाहर आकर रोती है? घर की लक्ष्मी भगाएगी क्या?"

"इसके बाद भी लक्ष्मी रहेगी क्या?"

"चुप रहो!"

थप्पड़ मारने की आवाज़। कातर आर्तनाद। मिसिर को फिर नींद नहीं आई। शेष रात वह सोचता ही रहा। दो जून की रोटी के लिए ग़रीब ब्राह्मण यहाँ पड़ा है। लछिमा चली गई। रुक्मिणी मर गई। उसे पहले भी ऐसा लगता था कि गणेश की बीवी मार खाती है। आज अपने कानों से ही सुन लिया सब-कुछ। पहले मेदिनी की हाँ-में-हाँ मिलाकर रहना पड़ता था। अब उसके लड़के के साथ भी यही स्थिति है। इस राजपूत-प्रधान गाँव में डरपोक और नम्र स्वभाव के कारण मिसिर को कभी कोई इज़्ज़त नहीं मिली। फिर वह इतना ज्ञानी भी नहीं। दरअसल था तो रसोइया ब्राह्मण ही। मेदिनी ने समझा था उसका इल्म। उसी ने इसको मास्टर रखा था। मेदिनी उसे 'देवता' कहता था, गणेश भी कहता है। लेकिन मिसिर भी एक ज़माने से ख़ुराकी पर ग़ुलामी ही कर रहा है। रुपये-पैसों का कोई हिसाब-किताब है ही नहीं उसके साथ।

इतने दिनों तक मिसिर ने इन सब बातों के बारे में कभी सोचा ही नहीं, लेकिन आज वह यह सब क्यों सोच रहा है? रुक्मिणी की मृत्यु के मूल में गणेश की बर्बरता ने उसका मन तोड़ दिया है। अब उसका मन भर गया है। गंगा और मोरी भिखारिन बनकर चली गईं। मिसिर भी गैबीनाथ चला जाएगा या कहीं और। ब्राह्मण को भिक्षा माँगने में क्या लज्जा है? और वह भी बूढ़े ब्राह्मण को? दंगा-फ़िसाद, ख़ून-ख़राबा, आगजनी से मिसिर का मन भर गया है।

सवेरे-सवेरे ही मिसिर बग़ल में पोटली दबाए सामने आ खड़ा हुआ। बोला, "गणेश! मैं अब यहाँ नहीं रहूँगा। जा रहा हूँ।"

"आप भी जा रहे हैं? क्यों, देवता?"

"बूढ़ा हो गया हूँ। मन भी उदास रहता है।"

"और घर के देवी-देवताओं की पूजा कौन करेगा?"

"सभी घरों में पूजा करने जो आते हैं नहारा गाँव से, उन्हें कहने से वे कर दिया करेंगे।"

"क्या मुझसे कोई गलती हुई है?"

"नहीं, नहीं।"

मिसिर चेहरे पर प्रसन्नता का भाव लाते हुए हँसता है। पहली बार उसने अपने-आपको ब्राह्मण महसूस किया। गणेश उन्हें प्रणाम करता है। और उनके चरणों में रुपया रखता है।

"नहीं गणेश, रुपया लेकर क्या करूँगा? साल-भर पूजा-ऊजा के दौरान जो देते हो, उसी में से दस-पन्द्रह रुपया मेरे पास हैं। मुझे तीर्थयात्रा पर जाना है। साथ में रुपया-पैसा रखा तो कहीं कोई मारकर छीन न ले। बहू को बुलाओ। लड़की और बहू को आशीर्वाद दे जाऊँ।"

मिसिर सभी को आशीर्वाद देता है। उसके बाद वहाँ से निकल पड़ता है। जाते हुए उसे देखता है।

हरोआ बोला, "यह क्या, देउता?"

"जा रहा हूँ, हरोआ! लछिमा कहाँ है?"

लछिमा आँगन में पेड़ के नीचे बाँस से बनी मचान पर मिसिर को बैठाती है। मिसिर आँगन में लगे फलों के पेड़, मिर्च, भिंडी और बैंगन के पौधों को देखता है। गहरी साँस लेकर मिसिर बोलता है, "सुखी गृहस्थी। गणेश की गृहस्थी भी सुखी हो सकती थी, लेकिन गणेश अपने बाप से ज़्यादा निष्ठुर है। जिसे भी हाथ लगाता है, बरबाद कर देता है। अब उस हवेली में सिर्फ बुरा-ही-बुरा होगा।"

लछिमा बोली, "तो जा रहे हैं, देउता?"

"क्या करें, लछिमा? गणेश की बहू रात को कमरे से बाहर बैठकर रुक्मिणी के लिए रो रही थी। शायद अक्सर रोती है। गणेश ने उसे मारा। आज जब बहू मुझे प्रणाम कर रही थी, तो उसके दोनों हाथों पर मैंने नील देखे। सुना है कि वह सिर पर पानी भी नहीं डाल सकती। गणेश की मार से उसके सिर में घाव हो गए हैं। अब और बरदाश्त नहीं होता। कुछ कर नहीं पाता, इसलिए बुरा लगता है। उनके लिए पूजा-ऊजा भी बहुत की। लेकिन कुछ भी नहीं हो पाया।"

"देवता, जो सबकी बुराई करता है, क्या कभी उसका भला होता है? अच्छा ही कर रहे हैं कि आप जा रहे हैं। कुछ पैसा-वैसा दिया?"

"दे रहा था, लिया नहीं।"

मिसिर थोड़ी देर और बैठता है। फिर कहता है, "चलें, लछिमा! तेरे लिए मुझे चिन्ता थी। खैर, अच्छा ही हुआ है।"

मिसिर के चले जाने पर लछिमा बोली, "देवता को तो जाना ही था। मैं जितने दिनों वहाँ रही, ईश्वर ही जानता है कि गणेश को कितना लाड़-प्यार मैंने दिया है। अभी भी मुझे चिन्ता रहती है। यदि राह चलते मिल जाए तो उसके चेहरे की ओर कैसे ताकूँगी?"

मिसिर के चले जाने से भी गणेश की मान-मर्यादा में कमी आती है। गजमोती सिंह के मकान में रामरूप, चन्द्रभान और गणेश की बैठक होती है। वहाँ सागर भी था। रामरूप कहता है, "हमारी खरीदी प्रजा में बँटाई पर जमीन सिर्फ बिगुलाल के पास ही रह गई थी। औरत-मर्द, दोनों मेहनत करते हैं। ससुर, दामाद, लड़का वगैरह मिलाकर तेरह लोग हैं। मोरी के दोनों लड़कों ने पिछले साल जमीन गँवा दी। इस बार उन लोगों का कहना है कि आप लोगों की खेती का काम साल में छह महीने करें। लेकिन बाकी छह महीने क्या करें?"

गजमोती बोला, "क्या करना चाहते हैं?"

"वे परमिट बनवाकर लकड़ी बटोरना चाहते हैं।"

"कितने लोग लकड़ियाँ बटोरेंगे? इतनी लकड़ी खरीदता कौन है?"

"क्यों? नहारा, देवीपुर, महुगढ़—इन गाँवों में जंगल नहीं हैं। सभी लोग लकड़ी नहारा के गोबिन्द लाला की टाल से खरीदते हैं। ये लोग वहाँ की हाट में बेचते हैं।"

"यह बात है!"

"क्या आपको मालूम नहीं है? सुना है, आपने ही खरीदी प्रजा को ऐसा हुकुम दिया है।"

"दिया नहीं है। सोच रहा हूँ, दूँगा। लेकिन यदि ये लोग अपना बोरिया-बिस्तर उठाकर चले गए तो खेती का काम कौन करेगा?"

चन्द्रभान बोला, "मैं भी ऐसा ही हुकुम दे दूँगा। फॉरेस्ट का तहसीलदार रोज परमिट देगा, रोज लकड़ी चुनेंगे।"

रामरूप ने कहा, "मुझे तो 'हाँ' कहनी ही पड़ेगी। जो कुछ भी हो, गंजू वगैरह कुछ लोग हैं और हैं बाकी ये लोग। वैसे भी यह बात ठीक है कि हम लोग खेती-बाड़ी नहीं कर सकते। गणेश, तुम क्या कहते हो? या तुम्हारे लिए यह झमेला ही नहीं?"

गणेश बोला, "झमेला? बात समझ में नहीं आई, भैया! बँटाई पर जो खेती करता है, या जो खरीदी प्रजा है, वह अपनी जमीन जोतता है। और बेगारी भी देता है। सभी जमीन गिरवी रखकर कर्ज लेते रहे हैं और लेते रहेंगे। कर्ज बढ़ जाने पर देखते हैं, बेगारी से या सारी फसल दे देने पर भी कर्ज नहीं चुकता तो जमीन मालिक की हो जाती थी। और अब भी होती है। जमीन गँवा देने पर जब पास में कुछ नहीं रहता तो वह जमीन मालिकों के खेतों पर मजदूर, जर-खरीद गुलाम बन जाता है। पहले भी ऐसा ही होता था। क्यों होता था? क्यों वह गुलाम बना रहता है? ऐसा न हो तो हमें खेती के काम के लिए बाहर से मजदूर बुलाने पड़ें। इसलिए हम लोग उनकी जमीन पर कब्जा नहीं छोड़ते। अगर ऐसा न होता तो हम उनकी जगह आदिवासी रखते या दूसरे गाँवों से अछूतों को बुलाते। इन जगहों पर पहले किसी समय में आदिवासियों का कब्जा था। सबको भगाकर हमने उनकी जमीनों पर कब्जा लिया। इसके बावजूद हम लोगों ने भूमिहीन प्रजा पर अपना मालिकाना अधिकार नहीं छोड़ा। साल में छह महीने वे तकलीफ में रहेंगे। वह तो पहले से रहते आए हैं। यह कोई नई बात तो है नहीं। इस साल मैं क्यों उनके बारे में सोचूँ? देखो, इस प्रकार खेत-मजूर बने मेरी प्रजा है, गंजू वगैरा चार घर और हैं। इस साल मैं बारह-चौदह घरों को उजाड़ने के लिए मजबूर हूँ। मैं गाँव में सबसे बुरा आदमी हूँ, इसलिए पिताजी की बीमारी के कई साल बाद तक उनसे कर्ज-वर्ज नहीं वसूला। उन्हें उनके हिस्से का अनाज देता रहा। जब हिसाब करके देखा कि असल और ब्याज मिलाकर एक-एक जने पर दो सौ-ढाई सौ-तीन सौ रुपयों तक कर्ज चढ़ गया है। अब तुम्हीं बताओ कि क्या करूँ? बारह-चौदह घरों की जमीन, कुल मिलाकर दस बीघा भी नहीं है। लेकिन जमीन ले लेने पर वे लोग मेरे खेत-मजदूर बन जाएँगे। उन पर अपना अधिकार मैं नहीं छोड़ने वाला हूँ। लेकिन उन्हें परमिट लेकर लकड़ी चुनने का अधिकार भी नहीं दूँगा।"

गणेश की आत्मविश्वास से भरी बातों को सुनकर गजमोती सिंह और चन्द्रभान

भी अपने स्वसिद्धान्तों से विचलित होने लगते हैं। लेकिन रामरूप कहता है, "मैं ऐसा नहीं करूँगा। तुमने जो किया है, वह ठीक है।"

"इस साल नई बात क्या हुई है, जो तुम लोग उनके आगे हाथ जोड़कर झुके जा रहे हो?"

"बस, गणेश, बस," गजमोती सिंह बोला।

"क्यों, हुआ क्या है?"

गजमोती सिंह भी कभी रुक्मिणी के साथ सम्भोग करना चाहता था। अस्सी साल की उम्र में भी उसका शरीर ख़ासा है। हर रोज़ वह अनार का रस और दूध में मिसरी डालकर पीता है। वह कहने लगा, "भंगी टोले में आने वाली उस लड़की के सिलसिले में भी तुमने एस.डी.ओ. को नाराज किया था। भंगियों और दुसाधों को एकजुट होने का मौका मिला। फिर रुक्मिणी वाली घटना में बिगुलाल वगैरा ने घूम-घूमकर हम लोगों को बहुत बदनाम किया।"

"ठीक है। घर में बन्दूकें होते हुए भी आप लोग उनसे डरेंगे, तो डरते रहिए। मैं डरने वाला नहीं हूँ। हम लोग चार घर हैं। अब तक एक साथ चलते थे। आज से अलग चलेंगे।"

गजमोती सिंह का हाथ ऊपर उठ जाता है। उसकी उँगलियों में चार अँगूठियाँ चमक उठती हैं। कहता है, "मेरा सवाल है रामरूप, कि गणेश और हम लोग अलग-अलग क्यों चलें? वह जो चाहता है, करे। हम लोग उन्हें हुक्म देने नहीं जाएँगे, क्योंकि वे हुक्म माँगने नहीं आएँगे। आगे देखते हैं, वे क्या करते हैं?"

गणेश बोला, "यदि वे लकड़ी चुनने पर गए तो?"

"उन्हें बुलाकर फैसला करेंगे। वरना जाने देंगे या डाँट देंगे।"

रामरूप ने कहा, "ज्यादा जोर-दबाव डालने से सब भाग जाएँगे।"

"जाएँगे कहाँ?"

"या तो भिखारी बन जाएँगे या फॉरेस्ट की जमीन पर जा बसेंगे।"

"जमीन ताकत और जोर से रखी जाती है, रामरूप," घमंड के साथ घोषणा करते हुए बाहर निकल जाता है गणेश। इस समय उसकी शिराओं में अपने वंशजों का ख़ून खौल रहा होता है।

अगले दिन गणेश अपनी प्रजा को बुलवाता है। खाता खोलकर उनका हिसाब

दिखाता है। मेदिनी सिंह के ज़माने में किस-किसने खाने के लिए पच्चीस या तीस या पच्चीस सेर गेहूँ लिया था, बताता है। किसी ने तीन रुपया क़र्ज़ लिया था, और किसी ने लिया था बारह सेर मड़ुआ। किसी ने दस रुपया लिया था और उसके बाद चालीस साल से उसका ब्याज चुकाया था, बेगारी और अनाज के रूप में। लेकिन फिर भी ब्याज चुकता नहीं हुआ था, बढ़ता ही गया था और अब सूद और असल मिलाकर हिसाब फैला था दो सौ इक्यासी, ढाई सौ, तीन सौ आदि रुपयों में।

प्रजा चुप रहती है।

"तुम्हारे, तुम्हारे बाप-दादाओं के अँगूठों के निशान-विशान सब लगे हैं यहाँ। जमीन गिरवी रखी है तुम्हारी, यह सब तुम लोगों को मालूम है न?"

सूखे होंठों पर जीभ फेरते हुए भिखारी ने कहा, "जमीन मत लो मालिक, इस साल फसल अच्छी हुई है।"

इन सबको रुक्मिणी की शवयात्रा में देखा था गणेश ने। वही बात इस समय याद करके गुस्से में बोला, "हक की बात अकाल के समय होगी। पिताजी जब बीमार थे, उस समय क्या मैंने कर्ज या ब्याज काटा था?"

"क्यों नहीं काटा?" तब काट लेते तो अब जमीन नहीं गँवानी पड़ती।"

भिखारी का लड़का दुखारा बोला, "जमीन के बगैर खाएँगे क्या?"

"इतना सब हिसाब मैं नहीं कर सकता। मैंने जो कहना था, कह दिया। या फिर मेरा रुपया वापस कर दो।"

"अच्छा मजाक कर रहे हो, मालिक!"

"जमीन मेरी है। कटाई के समय मालूम हो जाएगा।"

दुखारी बोला, "जो विचार-धरम हो, वही करो, मालिक!"

"दुसाधों से मिलकर गुटबन्दी मत करना।"

प्रजा चली जाती है।

घुटते रहे लोग, घुटता रहा बाढ़ा गाँव। तभी एक दिन अचानक साइकिल पर सवार होकर अभय महतो पहुँचता है। वह मोरी और गंगा से सब-कुछ सुनकर आया है, लेकिन बताता नहीं है। बोला, "तुम लोगों को एक खुशखबरी देने आया हूँ। हरिजन संघ को अब सरकार भी मदद दे रही है। बी.डी.ओ. और एम.डी.ओ. भी मेरी बातें सुन रहे हैं।"

बिगुलाल की पत्नी बोली, "तुम क्या मंत्री हो गए हो? हाथ में घड़ी है। साइकिल पर आए हो?"

"साइकिल एक दोस्त की है और घड़ी भी। मौसी, अगर हम मिनिस्टर बने तो तुम बनोगी डिप्टी मिनिस्टर।"

"धत्! कैसी बात करते हो?"

"जाने दो। काम की बात सुनो। सभी से बात करनी जरूरी है। चलो, उस पेड़ के नीचे बैठते हैं।"

जले हुए, परित्यक्त भंगी टोले के पास से गुज़रते हुए अभय भौंहें सिकोड़कर उस तरफ़ देखता है। चलते-चलते भंगी टोले का ज़िक्र न करते हुए महतो कहता है, "मेरा घर पूर्णिया जिले में था। चार से नौ साल की उम्र के बीच हमारी टोली धाउड़ा तीन बार जलाई गई थी। मालिक महाजन, कायस्थ, जमींदार थे। पिताओं ने दूसरी बार सरकार को अर्ज़ी दी थी। तीसरी बार जमींदार के लोगों ने तीन पिताओं को मारकर आग में झोंक दिया था। उसके बाद माँ जैसे-तैसे करके टाउन में चली आई। मैं सदन-आश्रम में पढ़ने लगा। यह सब लम्बी कहानी है।"

इन बातों से अभय उनके बहुत क़रीब आ जाता है। वे लोग ख़ुद ही रुक्मिणी, मोरी और गंगा के बारे में बताने लगते हैं। मोरी का लड़का बोला, "माँ हाथ में कटोरा लिये भीख माँग रही है। पेड़ के नीचे बसेरा है उसका।"

अभय बोला, "भीख माँगती है, लेकिन सोती मेरे दफ्तर के बरामदे में है। खूब मजे में सोती है। चिन्ता मत करो। आँखों पर चश्मा भी लग गया है। हम लोगों ने आँखों के डॉक्टर को बुलाकर कैम्प लगाया था। तभी उसका चश्मा भी बनवा दिया था। अब ठीक से देख पाती है।"

ताज्जुब की बात है! सुनकर सभी हैरान होते हैं। मोरी का पोता कहता है, "आपकी साइकिल पर जरा चढ़ लें?"

"मेरे सामने ही रहना मैदान में। पंचर मत कर देना।"

"नहीं, सामने ही रहूँगा।"

अभय पेड़ के नीचे बैठकर उनसे उनकी तात्कालिक समस्याओं के बारे में जान लेता है।

वैसे वह सारी बातों को पहले से ही जानकर आया था। वह कहता है, "देखो,

बड़ी साफ-सी बात है। मालिक जो जमीन ले रहा है, इसका फैसला मैं करूँ, यह क्षमता मेरी नहीं है। क्यों नहीं है? क्या कोई कानून नहीं है? कानून है। पच्चीस सेर अनाज का कर्ज चालीस साल तक बेगार और फसल के रूप में चुकता करने के बाद ढाई सौ रुपया नहीं बन सकता है। लेकिन कोर्ट-कचहरी के लिए पैसा और ताकत हमारे पास नहीं है। हाकिम-अफसर लोग हमें कोई मदद नहीं देंगे। यह है सीधी-सी बात। अगर वे मदद देते तो कुछ बन्दोबस्त हो सकता था। मैं तो उनसे कहते-कहते थक गया हूँ कि छुआछूत की समस्या और जमीन की समस्या एक ही है। इसका फैसला करो। लेकिन मैं छठी तक पढ़ा हूँ। आनन्द महतो के लड़के अभय महतो की कौन सुनने वाला है?"

"लेकिन वह अच्छी बात कौन-सी बता रहे थे आप?"

"मुझे पता था कि कटाई तक आपके पास कोई काम-काज नहीं रहेगा। इसलिए मैंने पहले मिनिस्टर से बातचीत की। वह तोहरी आया हुआ था। हरिजन मंत्री। वह हम लोगों के काम में थोड़ी-बहुत मदद भी करता है। जो भी हो, मैंने फारेस डिपाट से बात पक्की कर ली है। बाढ़ा-नहारा फारेस में चार साल बाद पेड़ कटने शुरू होंगे। मैंने कहा, बाढ़ा के लोगों को लकड़ी चुनने का परमिट बनवा देना। फारेस डिपाट को इसमें कोई आपत्ति नहीं है। लेकिन शर्त है कि कोई पेड़ नहीं काटेगा और जंगल में आग नहीं लगनी चाहिए। अब बोलो, तुम कितने लोग जाओगे? महीने का परमिट है, रोज-रोज का नहीं।"

भिखारी बोला, "मालिक लोग नहीं जाने देंगे।"

अभय बोला, "देखो, मैं भी हरिजन हूँ। तिकड़म जानता हूँ। मैं थानेदार, एस.डी.ओ., बी.डी.ओ., सभी से बोल चुका हूँ। उन्हें बताया है कि बाढ़ा के लगभग सभी हरिजन खेत-मजदूर हैं। मालिक उनको काम नहीं देंगे, रोजी का बन्दोबस्त भी नहीं करने देंगे। बल्कि वे उन्हें इस काम पर जाने से भी रोकेंगे। नया, एस.डी.ओ. खराब आदमी नहीं है। अभी मालिक-महाजनों का घी-चावल-खस्सी उसने खाना शुरू नहीं किया है। उसने कहा है कि ऐसा कैसे हो सकता है? मालिकों के कहने पर भी नहीं मानूँगा। आपका काम है अछूतों में साहस जुटाना। भूखे लोगों में साहस नहीं रहता। आप उन्हें समझाइए। खैर, जो भी हो, मैंने तो आपको समझा ही दिया है।"

"महीने-भर का परमिट लेने में प्रतिदिन बीस पैसे की दर से कितने रुपये बनते हैं, मालूम है तुम्हें? कहाँ से आएगा इतना रुपया? छह रुपये प्रति व्यक्ति!"

अभय विजयी की हँसी हँसता हुआ बोला, "वही तो बात है। हम लोग रुपयों से परमिट बनवाकर दे रहे हैं। हरिजन संघ के बैंक में हजार रुपया जमा है। इस काम में खर्च करेंगे वह रुपया। अब चलो, मीटिंग खत्म। दुसाधों को भी कहते हुए चलते हैं।"

गाँव में कुछ छुपा नहीं रहता। मैदान में अभय से हुई बातचीत, मोरी के पोते का साइकिल पर चढ़ना—सब-कुछ मालिकों की नज़र में आया। खाद का बन्दोबस्त करने, पता नहीं क्यों, रामरूप और गणेश एक ही दिन तोहरी रवाना हो गए। खाद के साथ एस.डी.ओ. का कोई सम्बन्ध नहीं, लेकिन फिर भी वे एस.डी.ओ. के पास ही जाते हैं। जो कहना था, गणेश ने ही कहा।

एस.डी.ओ. भौंहें सिकोड़कर बोले, "ताज्जुब की बात है। आप लोगों की फसल उठाते समय ही तो वे काम करेंगे। जब तक आपके खेतों पर काम नहीं करते, तब तक वे अपने-आप मेहनत करके खाना जुटाएँगे। इसमें आप लोगों की मान-हानि कैसे हो रही है?"

"अभय महतो उनको भड़का रहा है।"

"नहीं। वह मुझे सारी बातें बताकर काम कर रहा है और यह भी जान लीजिए कि जमीन छीनकर मालिक-महाजन हर साल इतने लोगों को भूमिहीन मजदूर बना रहे हैं। इस कारण बहुत-सी जगहों पर गड़बड़ शुरू हो गई है। गड़बड़ के कारण मामला कानून-व्यवस्था का बन जाता है। तब हम लोग बीच में आते हैं। गोली-बन्दूक चलती है। सम्बन्ध खराब हो जाते हैं। आप लोगों का इलाका काफी अनुन्नत है और आप लोगों का परम्परागत जुल्म जारी है। इसलिए अभी तक गड़बड़ी हुई नहीं है, लेकिन हो सकती है।"

"आप अछूतों को मदद देंगे?"

"सरकारी हुकुम ऐसा ही है। लेकिन अगर उन्होंने पहले हंगामा किया तो बात दूसरी है। लेकिन उन्हें भूखे नहीं मरने दिया जाएगा। इसलिए यदि सरकारी जंगल में उन्हें लकड़ी चुनने दिया जाता है, तो इसमें शान्ति भंग कैसे होती है?" रुककर एस.डी.ओ. पानी पीते हैं, फिर कहते हैं, "अभय महतो पर आप लोग नाराज हैं।

लेकिन उनका संघ गांधी मिशन के साथ मिलकर काम करता है और उसे मदद देने के निर्देश हमारे पास हैं। यदि वे सरकारी जंगल में पेड़ नहीं काटते या आग नहीं लगाते तो उनका परमिट छीनने का हक किसी को नहीं है।"

गणेश बोला, "लेकिन इससे उनका साहस बढ़ जाएगा?"

"आपका नाम?"

"गणेश सिंह।"

"रुकिए। आप ही ने पल्लवी शाह को लेकर हंगामा किया था न? रियली? जानते हैं, वह कौन थी? उसके पिता इस समय भारत के वित्तमंत्री हैं। फिर भी आप आए हैं? आप लोग चले जाइए।"

गणेश बोला, "जाएँगे जरूर, यहाँ रहने नहीं आए हैं। लेकिन जब फिर से चुनाव होगा तब हमारे जैसे गन्दे लोग ही रुपये देंगे और कांग्रेस लेगी भी। ठीक है, आप इस इलाके के नहीं हैं। आदमी को नहीं पहचानते। मैं कहता हूँ, वे नीच-जाहिल लोग फॉरेस्ट का कानून जरूर तोड़ेंगे और कानून-व्यवस्था का प्रश्न भी उठेगा। और बाढ़ा में पुलिस भी आएगी।"

एस.डी.ओ. दाँत फाड़कर हँसा और मज़ाक में बोला, "ठीक है। इसी तरह बाढ़ा गाँव मध्ययुग से निकलकर आधुनिक युग में पहुँच जाएगा। मालिक अत्याचार करता रहेगा, प्रजा चुपचाप सहन करती रहेगी, यह सब आधुनिक भारत में नहीं चल सकता है। सभी जगह सिर्फ विक्षोभ और अशान्ति है।"

"अच्छा तो चलते हैं। फिर मिलेंगे।"

गणेश और रामरूप गाँव लौट आते हैं, गणेश की बैलगाड़ी में। हरोआ गाड़ी हाँकता है। लेकिन हरोआ की आदमी में गिनती गणेश ने कभी नहीं की थी।

गणेश बोला, "अभी चुप रहो।"

"छी-छी, किस तरह अपमान किया है उसने!"

"सब अपमान भूल जाओ।"

"क्यों, मंतर पढ़ोगे?"

"उन्हें जंगल में जाने दो, लकड़ी चुनने दो।"

"मैं तो हमेशा ही यही कहता था।"

"उसके बाद जंगल में पेड़ कटेंगे, आग लगेगी। फॉरेस्ट का कानून तोड़ेंगे वे!

तब फॉरेस्ट का काम चला जाएगा, वापस आकर पैर पकड़ेंगे। तब लात मारूँगा और दस से बीस का काम लूँगा। ऐसा न किया तो मेरा नाम भी गणेश सिंह नहीं।"

"वे मर जाएँगे। भाग जाएँगे।"

"जाने दो," गणेश गरजता है, "सबको भगा देंगे। नई प्रजा लाकर बसाएँगे। हाकिम क्या करेगा? अदालत क्या कर लेगी? चुनाव में रुपया नहीं लेना क्या? रुपया दूँगा उन्हें। हमारी मदद करेंगे तो हम भी मदद देंगे। लाखों का मालिक गणेश चाहिए या हरिजन अभय महतो? सबसे पहले उसी की लाश गिराएँगे। कौन क्या कर लेगा? अछूत? भंगी टोला जलाया, उन्हें भगाया, रुक्मिणी का पेट कर दिया, वह मर गई, किसने क्या कर लिया? रामरूप! जमीन और मालिकाना बाप का नहीं, रौब का होता है।"

"तुम पागल हो गए हो।"

इसके बाद वे बाढ़ा पहुँचते हैं। चिन्तातुर डरा हरोआ गाड़ी से बैल खोलता है, उन्हें घास-पानी डालता है गौशाला के सामने। फिर घर लौटकर लछिमा को बुलाता है।

दरवाज़ा बन्द करके हरोआ लछिमा को सभी कुछ बताता है। सुनते हुए लछिमा का चेहरा पत्थर-सा सख़्त हो जाता है। लछिमा बोली, "तुम क्यों फिक्र करते हो? जो कुछ सुना है, भूल जाओ।"

"तुम क्या करोगी?"

"अँधेरा होने पर राँका दुसाध के पास जाऊँगी।"

"राँका क्या करेगा?"

"कोई कुछ कर सकता है तो वे ही कर सकते हैं।"

"क्या कर सकते हैं, सुनें तो?"

"जब ये लोग लकड़ी चुनने जाएँ तो वे रात-दिन ध्यान रखेंगे कि जंगल में कोई आग न लगाने पाए। और जंगल के रास्ते जाकर अभय को भी सावधान कर देंगे वे।"

हरोआ कुछ देर सोचता रहा और फिर बोला, "तुम राँका से कहो। मैं कल ही गाड़ी के पहिए और हल की मरम्मत कराने तोहरी जा रहा हूँ। अभय से मैं कह दूँगा। यदि कहीं मेरा नाम मालिक के कानों तक पहुँच गया तो वह मुझे जान से ही मार डालेगा।"

"मारना इतना आसान नहीं है।"

"नहीं लछिमा, बहुत आसान है। तुम अकेली जाओगी या मैं भी चलूँ साथ में? मैदान पार कर जंगल के किनारे होकर जाना।"

"अकेली ही जाऊँगी।"

लछिमा अकेली ही जाती है। राँका दुसाध उसे देखकर आश्चर्यचकित हो जाता है। लछिमा उसे बाहर बुलाकर सारी बात बताती है। यह भी कहती है कि वह हरोआ का नाम न ले कहीं। हरोआ अभय को ख़बर कर आएगा। एक बार फिर से राँका को सारी बात समझाकर वह चली आती है।

अगले दिन लछिमा विचित्र जिद करती है।

"तुम्हारे साथ मैं भी तोहरी चलूँगी। कभी गई नहीं वहाँ। इतनी बड़ी जगह बन गई है, कभी देखा नहीं। गणेश से कह देना। तुम तो गाड़ी लेकर ही जाओगे।"

"गणेश से कहें?"

"नहीं कहोगे क्या?"

"नहीं, लछिमा! हम लोग फिर कभी पैदल ही वहाँ चलेंगे। यह देखकर तुम डर रही हो कि मैं अकेले जा रहा हूँ?"

"हाँ।"

"डर की क्या बात है? मैं सावधानी से बातें करूँगा।"

हरोआ ने बहुत सावधानी से और डरते हुए बात की अभय से। धीरे-धीरे बोला, "सभी कुछ बता दिया है, महतो जी! लेकिन मेरा नाम किसी को मालूम नहीं होना चाहिए। मालूम होते ही वे मेरा खून कर देंगे।"

गणेश से हरोआ डरता है, अभय समझता है। डरना स्वाभाविक भी है। लेकिन इसके महत्त्व को नहीं समझता। वह तोहरी में रहता है। गांधी मिशन के साथ मिलकर उसका संघ काम करता है। गांधी मिशन की चम्पावती देशमुख बापूजी की स्नेहपात्री कन्या है। चम्पावती मिशन की माता है। वे अभय को 'बेटा' कहती हैं। बाढ़ा गाँव जहाँ कभी ज़मीन मालिक और किसान, ज़मीन-मालिक और बँटाईदार, ज़मीन-मालिक और खेत-मज़दूर के बीच ऐसी स्थिति ही पैदा नहीं हुई कि मालिक पुलिस से मिलकर गोली चलाएँ, ऐसी जगह अभय या हरोआ या खेत-मज़दूरों की लाश किस तरह गिराएगा गणेश?

वह बोला, "नहीं, तुम्हारा नाम कोई नहीं लेगा। एस.डी.ओ. खुद भी गणेश पर नाराज हैं।"

अभय की प्रशासन पर जितनी आस्था है, उतनी हरोआ की नहीं। वह सुपारी खाते हुए सही और बुद्धिसम्मत बोला, "महतो जी, आप कह रहे हैं कि डर की बात नहीं है। मैं कहता हूँ कि डर की बात है। अब आप ऐसा करें कि मेरी जान और अपनी जान बचाने का उपाय कीजिए। आप हम मर गए तो मर ही गए। उसके बाद एस.डी.ओ. साहब गणेश सिंह को फाँसी पर भी चढ़ा दें तो हम लोग जिन्दा नहीं हो सकते।"

"नहीं, नहीं, कुछ भी नहीं होगा।"

हरोआ निश्चिन्त होकर मोरी और गंगा के पास जाता है। उन्हें मुरमुरा और बासी जलेबी खिलाता है। गाँव की ख़बर देता है। मोरी की आँखों पर निकल के फ्रेमवाला चश्मा देखकर कहता है, "अब तो तुम बाबू लोगों के घर की-सी औरत लग रही हो।"

गंगा बोली, "पैर के दर्द के लिए अस्पताल से सुई ले रही हूँ। बाप रे! कितना मवाद भर गया था।"

"तुम्हीं लोग अच्छे हो।"

"बाढ़ा जाने को दिल करता भी है और नहीं भी...।"

"नहीं, नहीं। क्या देखने जाएगी वहाँ?"

इसके बाद हरोआ लुहार से पहिया और हल लेता है। लछिमा के लिए साबुत हल्दी और पापड़। दस पैसे के जुए में जीता हुआ झुनझुना लेकर गाँव लौटता है।

दूसरे ही दिन अभय एस.डी.ओ. से मिलता है। हरोआ के बारे में कुछ कहे बिना सारी बात बताता है। बार-बार कहता है, "गणेश बहुत ही खतरनाक आदमी है, प्रतिहिंसापरायण।"

उदाहरण के तौर पर भंगी टोले को जलाने और रुक्मिणी की आत्महत्या की बात भी कहता है। एस.डी.ओ. साहब को चेताता है कि वे उससे सँभलकर बात करें। गणेश पता कर सकता है कि किसने यह ख़बर उन तक पहुँचाई है। यह ख़बर देने वाला एक हरिजन है। गणेश से वह बहुत डरता है। पता लग गया तो गणेश उसे मार डालेगा।

सुनकर एस.डी.ओ. कुछ अप्रसन्न होता है। अपमानित महसूस करता है। अभय महतो को उसने इसलिए पास आने दिया है कि लड़का काम अच्छा कर रहा है। इसीलिए उसे मदद देने का आश्वासन भी दिया है। लेकिन इसका यह मतलब नहीं है कि वह उनसे कहे कि यही कीजिए, यह न कीजिए।

एस.डी.ओ. अपने पद की मर्यादा के अनुरूप स्वर में बोले, "यह गणेश सिंह छोटा-मोटा हिटलर लगता है। उसके साथ कैसे बात करनी होगी, यह आप मुझ पर छोड़ दीजिए।"

"निश्चय ही।"

"खून करेंगे, लाश गिरा देंगे, ऐसे ही डरा रहा है।"

अभय हल्के-हल्के मुसकराता है। फिर कहता है, "वह जंगल में आग लगाएगा। उनके साथ दंगा-फिसाद भी करेगा। उन्हें उकसाकर उनके हाथों में लाठी भी पकड़ाएगा। उनको भी लगेगा कि गणेश के कारण उनका सरकारी जंगल में घुसना बन्द हो रहा है। वे भी दुख और गुस्से से पागल होकर दंगा-फिसाद कर बैठेंगे। तब कानून-व्यवस्था भंग हो जाएगी और बाढ़ा में पुलिस घुसेगी।"

"क्या हम अकेले अछूतों को ही पकड़ेंगे? जो भी दोषी होगा, उसे पकड़ेंगे। आप क्या समझते हैं कि पुलिस ले जाकर मैं उन अछूतों को पीटूँगा? उस बर्बर गँवार राजपूत को छोड़ दूँगा?"

अभय चुप रहता है। फिर धीरे-धीरे कहता है, "गणेश जैसे अत्याचारी मालिक को सजा देकर बाढ़ा के भूमिहीन खेत-मजदूरों को न्याय दिला सकें तो मैं अभय महतो आपके पाँवों को पकड़कर प्रणाम कर जाऊँगा और सैकड़ों-लाखों अछूत, भूमिहीन किसानों के आशीर्वाद से आपका अच्छा ही होगा।"

एस.डी.ओ. ने कहा, "यह तो ठीक है, और मेरी ड्यूटी भी है यह, पर मैं इस बारे में कुछ नहीं कर सकता कि किसने उससे क्या कहा और उसने क्या सुना। कोई घटना हो गई तो दिखा देंगे कि न्याय के रास्ते पर कठोर बनकर कैसे काम किया जाता है।"

यह सुनकर अभय कुछ निश्चिन्त होता है। कहता है, "फिर उन लोगों को परमिट दे देते हैं। आप क्या कहते हैं?"

"जरूर। परमिट देने आप जाएँगे या वे खुद लेने आएँगे?"

"मैं ही जाऊँगा। मुझे कुछ हुआ तो आपको तुरन्त खबर मिल जाएगी, फिर आप बन्दोबस्त कर सकते हैं।"

"इससे अच्छा है कि उन्हें परमिट लेने के लिए कह आइए। तहसीलदार से खुद परमिट ले लेंगे।"

"यह भी ठीक है।"

अभय चला जाता है और उन्हें ख़बर कर आता है। वे लकड़ी चुनने का एक महीने का अपना-अपना परमिट ले जाते हैं और अपने को परम भाग्यशाली समझते हुए घर लौट आते हैं। अभय सबसे उनका दाब वहीं, रखवा लेता है। उनके पास लकड़ी बाँधने के लिए रस्सी रह जाती है, बस।

तहसीलदार ने कहा, "जानते हैं कि बीड़ी तो तुम लोग पियोगे ही। लेकिन बाहर जाकर पीना। लेकिन यह भी सुन लो कि फॉरेस्ट सरकार के लिए कैसा है। सात लड़कियों के बाद जैसे लड़का पैदा होता है, उसी तरह फॉरेस्ट सरकार की आँखों की पुतली होता है।"

राँका बोला, "हम लोग कब से लकड़ी बटोर रहे हैं, कभी एक डाली भी काटी है? माह के जाड़े तक में कभी पत्ते जलाए हैं? तुम्हारा गार्ड तो आता-जाता रहता है। उससे पूछ लो।"

"जानते हैं, भाई!"

अभय ने तहसीलदार के लड़के को चम्पावती देशमुख की चिट्ठी की मदद से पटना अस्पताल में भरती कराकर क्षय रोग से बचाया था। तहसीलदार के मन में अब तक वह एहसान ताज़ा है। तभी तो अभय रुपया देकर परमिट जारी करवा सका है।

अभय राँका से बोला, "सब जानते हो। तुम लोग भी होशियार रहना। अब मैं इस तरफ और नहीं आऊँगा। कोई असुविधा हो तो तुम्हीं चले आना।"

"ठीक है।"

अगले दिन ही राँका ने सबसे कहा, "देखो, सूखी लकड़ियों को एक जगह इकट्ठा मत करना। कहीं सोचो कि आज गट्ठर बनाकर रख लेते हैं, कल ले जाएँगे, ऐसा कभी मत करना।"

"जैसा कहते हो, वैसा ही करेंगे।"

"दुश्मनों की कमी नहीं है। जाने कौन कब आग लगा दे! कहा यही जाएगा कि आग तुम लोगों ने लगाई है। इसी बहाने फारेस्ट का काम खत्म कर दिया जाएगा। इसलिए थोड़ी नजर भी रखनी पड़ेगी।" जंगल की ओर जाते हुए बोला, "लछिमा और हरोआ बहुत ही अच्छे लोग हैं। जमीन है, घर है। सब-कुछ रहने पर भी लोग अच्छे होते हैं, पहले यह नहीं पता था।"

बिगुलाल साँस छोड़कर बोला, "अभी भी विश्वास नहीं हो रहा है कि हमें वाकई परमिट मिल गया है। यह एक सरकारी कागज है। कटाई से पहले कुछ दिनों काम करने पर हम कुछ कमा सकेंगे?"

भिखारी बोला, "हाँ, राँका, हम इतने सारे लोग हैं। एक साथ लकड़ी चुनेंगे, तो ढेरों लकड़ी बटोर डालेंगे।"

"इधर पन्द्रह मील और उधर बीस मील तक जंगल फैला है। तुम कितनी लकड़ी बटोरोगे, भिखारी?"

"हम यही काम करेंगे।"

वे लकड़ी चुनते हैं, बाँधते हैं। छोटी-बड़ी डालियों को खींचकर ले जाते हैं। राँका अनुभवी उँगलियों से हल्की डालियाँ छाँटकर अलग करता है, "पहले देखना कि टाल में कैसी लकड़ी है? उसमें जान है या नहीं? लो, अब बाँधकर सर पर उठाओ। चलो मेरे साथ।"

इस काम में मर्द-औरत, दोनों ही लग जाते हैं। सिर्फ़ बूढ़े बच्चों के साथ घर पर रहते हैं। टाल पर लकड़ी बेचकर वे आटा, नमक, खेसारी दाल ख़रीदकर घर लौटते हैं।

बिगुलाल कहता है, "आज का दिन कैसे बीता! कभी नहीं सोचा था कि जीवन में कभी ऐसा दिन भी आएगा। हमें तो यही पता था कि जब खेती का काम न हो तो दूसरे गाँव में खेत-मजदूरी करो, भीख माँगो, बोझा उठाओ या सड़क पर पत्थर कूटो। बाढ़ा के खेत-मजदूरों का जीना-मरना मालिकों के हाथ में था। बाढ़ा के खेत-मजदूर या तो भूखों मरते थे या एक मुट्ठी बाजरा, मकई, सत्तू के लिए मालिक के यहाँ फुटकर काम करते थे। औरतें गोबर थापती थीं।"

गणेश पेड़ के सहारे खड़ा होकर उनकी बातें सुनता है।

दूसरे दिन गणेश तोहरी जाता है। ज़ाहिर में उसका उद्देश्य बैंक जाना था। वहाँ पर नवागढ़ के स्वरूपसिंह से उसकी मुलाक़ात होती है। बहुत दिनों बाद हुई है

यह मुलाक़ात। स्वरूप उसे रोक लेता है। वह जंगल का ठेकेदार है। उसका काम हजारी बाग में है। नवागढ़ में उसने दोमंज़िला मकान बनवाया है। अपनी जीप से तोहरी आया है। स्वरूप बोला, "तुम्हारे और मेरे पिता एक ही काम करते थे। इतने दिनों बाद मिल रहे हैं, चलो, चलें, एक दिन मजा करें।"

गणेश को लगता है कि वह दोनों अलग-अलग दुनिया के लोग हैं। उसने पूछा, "क्यों, तुम्हारे पास भी जमीन-जायदाद है?"

"जमीन-जायदाद छोटा भाई सँभालता है। सोच रहे हैं, सारी जमीन बँटाई पर ही दे दें। ठेकेदारी में पैसा है। एक भाई को धनबाद में कोयले की खान की ठेकेदारी दिला दी है। दूसरे भाई की भी मुझे जरूरत थी। लेकिन पिताजी जब तक जिन्दा हैं, नवागढ़ नहीं छोड़ेंगे। इसलिए यहाँ एक अच्छा मकान बनवा लिया है। आपसे झूठ नहीं बोलेंगे। राँची टाउन में भी मकान है, बीवी-बच्चे वहीं रहते हैं। यहाँ इस जंगल में मैं ऊब जाता हूँ। काम जंगल में करते हैं, लेकिन घर लौटने पर बिजली चाहिए, पंखा चाहिए, सिनेमा चाहिए। गाय-भैंस और अनाज ही काफी नहीं।"

"मेरी जिन्दगी तो इन्हीं सब में है।"

"शादी कर ली है? लड़का-बच्चा?"

"एक लड़की है।"

"गाँव में तो स्कूल भी नहीं है।"

"स्कूल! मैं ही कौन-सा पढ़ा-लिखा हूँ जो लड़की पढ़ेगी?"

"भैया, अब बाप-दादाओं की चाल से काम नहीं चलेगा। राँची में देखो, लड़कियाँ फटाफट साइकिल पर आती-जाती हैं।"

गणेश हँसता है, "यकीन नहीं आता।"

"मेरी लड़की भी स्कूल जाती है। क्या करें, पिताजी नहीं मानते। बहू परदा नहीं करती, लड़की स्कूल जाती है।"

"भैया, इससे तो नाश होता है।"

"किसने कहा?" स्वरूप नये अर्जित व्यक्तित्व और आत्मविश्वास के साथ कहता है, "मेरी बीवी खूब पूजा-ऊजा करती है। घर में लक्ष्मी-जनार्दन का मन्दिर है, उन्हीं के प्रताप से तीन लड़के हुए। भैया, धर्म को ताक पर रख दूँ तो ठेकेदारी

में मुझे सात साल में छह लाख रुपये का फायदा हो सकता है। हाकिम, दरोगा, जंगल-ऑफिस—सब मुट्ठी में हैं।"

"तुम जमीन अपने पास रख सकते थे।"

"उस काम में मेरी रुचि नहीं है, भैया! बचपन में ही मेरी शादी हो गई थी, लेकिन ससुर जी ने राँची टाउन में ही मुझे अपने पास रखकर पढ़ाया-लिखाया। उनका अपना लड़का नहीं है। अब भी उन्हीं के कारण ठेकेदारी कर रहा हूँ।"

स्वरूप की जीप नवरतनगढ़ के इलाक़े में दाख़िल होती है तो गणेश बड़ा ही हैरान होकर सोचता है कि इतने पास होते हुए भी यह इलाक़ा इतना कैसे बदल गया है?

स्वरूप ने कहा, "तुम कोई खबर नहीं रखते। इस इलाके से राजा का लड़का ही एम.पी. बना है। तभी तो नवरतनगढ़ में सड़क, अस्पताल, स्कूल—सभी कुछ बन गया है।"

ठेकेदारी के रुपये से स्वरूप जैसे लोगों के रंगों से पुते दुमंज़िले मकान हैं। गणेश केवल स्वरूप के पिता को ही पहचान पाता है। वे कहते हैं, "आओ बेटा, आओ।" उसके सिर को सूँघकर आशीर्वाद देते हैं। उनके बदन से गणेश को पसीने, मैल, श्लेष्मा और आयुर्वेदिक तेल की जानी-पहचानी गन्ध आ रही थी।

स्वरूप उसे दूसरी मंज़िल पर ले जाता है। ग्रामोफ़ोन से गाना सुनवाता है। ट्रांज़िस्टर और रेडियो भी दिखाता है, फिर कहता है, "आराम करो। दारू चलेगी?"

"मैं नहीं पीता।"

"फिर रहने दो।"

गोश्त का पुलाव और रबड़ी खाते हैं। स्वरूप गणेश की समस्या सुनना चाहता है, किन्तु उसकी बातों में उसका मन नहीं लग पाता। गणेश को भी लगता है कि सारे ज़रूरी काम छोड़कर वह यहाँ समय ब़रबाद कर रहा है।

सुबह-सुबह ही वे दोनों तोहरी चले आते हैं। गणेश को जीप से वहीं उतारकर स्वरूप डाल्टनगंज चला जाता है। गणेश को लगता है कि स्वरूप जैसे लोगों की हवा लगने से दूसरे आदमी भी बिगड़ जाएँगे। ज़मीन जैसी चीज़ छोड़कर ठेकेदारी! उसे लगता है कि जैसे वह रंडी बन गया है।

तोहरी में उसे एस.डी.ओ. मिल जाते हैं। एस.डी.ओ. यह मौक़ा छोड़ना नहीं चाहते। गणेश से कहते हैं, "जरा इधर तो आइए। आपसे एक बात करनी है।"

"क्या बात है? यहीं नहीं बता सकते?"

"नहीं, इधर आइए।"

एक तरफ़ खड़े होकर एस.डी.ओ. उससे कहते हैं, "सुना है, तुम अभय को जान से मारना चाहते हो? अछूतों को भी नहीं छोड़ोगे और मेरी खबर भी लोगे। देखिए, अगर आप जंगल में आग लगाकर उन्हें फँसाना चाहेंगे तो पुलिस आएगी और मैं भी आऊँगा। मुझे पता चल गया है कि जो भी गड़बड़ होगी, वह आप ही कराएँगे। आपको छोड़ूँगा नहीं। चाहे आप मेरी परवाह न करें। मैं भी आपकी कमर में रस्सी डालकर, पूरे बाढ़ा गाँव का चक्कर लगवाकर गाड़ी में बिठाकर लाऊँगा।"

एस.डी.ओ. हाथ झटककर गणेश के बोलने के प्रयास को हवा में उड़ा देता है। गणेश के दिमाग़ में तेज़ी से विस्फोट-सा होता है—हरोआ! हरोआ!! हरोआ!!!

गणेश ख़ुद गाड़ी हाँकता हुआ तोहरी आया था। ख़ुद ही हाँककर वापस ले जाता है। 'हरोआ' भंडार-घर में काम कर रहा था। भीषण गरज के साथ हरोआ कहता हुआ वह अपने ख़ास कमरे की तरफ़ दौड़ता है। बन्दूक़ निकालकर टोटा भरते हुए चिल्लाता है, "हरोआ, आज तुझे तेरे पूर्वजों के पास नरक में भेजकर ही दम लूँगा।"

गणेश की पत्नी बिजली की गति से आँगन में से लड़की को उठाकर भंडार-घर में चली जाती है। दरवाज़ा बन्द कर हरोआ से कहती है, "तुम्हें गोली मारने आ रहा है मालिक। दरवाजे के सामने बोरियाँ लगा डालो।"

हरोआ पहले तो पत्थर बन जाता है, उसके बाद दरवाज़े के सामने गेहूँ और धान की बोरियाँ डालने लगता है। बहू को मुँह पर उँगली रखकर चुप रहने का इशारा करता है। गणेश ज़ोर-जोर से दरवाज़े पर लात मारता है और गाली बकता है।

हरोआ दूसरी बोरियों के सहारे ऊपर चढ़कर छप्पर में से फूस हटाता है।

गणेश चिल्लाता है, "मैं कुल्हाड़ी से दरवाजा काट डालूँगा।"

गणेश कुल्हाड़ी लाने जाता है। बहू लड़की को उठाए डर से काँपती हुई सफ़ेद पड़ जाती है। हरोआ छप्पर फाड़कर पीछे से बाहर कूदकर दौड़ने लगता है अपने घर की ओर। गणेश कुल्हाड़ी से दरवाज़ा काटकर अन्दर सिर डालकर देखता है, हरोआ नहीं है। ऊपर देखने पर टूटा छप्पर नज़र आता है। बीवी को देखकर कहता है, "पहले उसे मारूँगा, फिर तुझे।"

गणेश बन्दूक़ लेकर दौड़ता है। पुतली अपनी लड़की को लेकर पीहर भाग जाती है, उसके पीछे-पीछे नौकरानियाँ भी।

गणेश के पहुँचने से पहले ही हरोआ अपने घर पहुँच गया।

उसने कहा, "मालिक सब-कुछ जान चुका है। वह मुझे मारने के लिए बन्दूक लेकर निकल पड़ा है। यहाँ पहुँचने ही वाला है। जल्दी करो लछिमा, जंगल में भाग चलें।"

लछिमा ने उसे ज़ोर से अन्दर की ओर धकेल दिया। दरवाज़े के चौखटों पर दोनों हाथ टिकाकर खड़ी हो गई और कहा, "वह आ पहुँचा है।"

गणेश ने पूछा, "कहाँ है वह कुत्ता? उसे आज कुत्ते की तरह गोली मारूँगा।"

"पहले मुझे मारो, फिर उसे मारना।"

"हट जाओ, लछिमा! मैं उसे..."

"नहीं।"

"तुम जानती हो, वह कौन है? उस कुत्ते ने तुम्हें कभी बताया ही नहीं होगा कि किस गाँव में वह बेगारी करता था। मालिक का खून करके यहाँ भाग आया और पिताजी ने उसे शरण दे दी। हाँ, पिताजी मुझे बोल गए हैं। मेरा उस पर यही अधिकार है।"

लछिमा चिल्ला उठी, "अब उस पर तुम्हारा कोई अधिकार नहीं रहा। अंग्रेजों के समय में उसने कोई खून किया था। वही डर दिखाकर तीस साल तक उसे बिना वेतन, बिना मजदूरी के तुमने काम कराया है और अपना कितना पैसा बचा लिया है। क्या वह तुम्हारे यहाँ बेगारी पर नहीं रहा? इसी अधिकार के बल पर तुमने इतने सालों तक उसे डर दिखाकर अपने कब्जे में रखा?"

"हट जाओ, लछिमा! वरना तुम्हें भी मार डालूँगा।"

"नहीं!" हरोआ पशुओं जैसी गुर्राहट लिये हुए एक अनजान स्वर में गरज उठा। लछिमा को हटाकर, धारदार दाब हाथ में लिये वह बाहर कूद पड़ा। तभी गणेश की बन्दूक़ गरज उठी और साथ ही उसके गले से आर्तनाद फूट निकला। गणेश के कन्धे पर दाब फेंककर मारी थी हरोआ ने। बन्दूक़ उसके हाथ से छिटककर दूर जा गिरी। हरोआ की जाँघ में गोली लगी थी। वह नीचे बैठ गया। अब लछिमा ने दाब उठा ली। गणेश उसकी ओर देख रहा था।

लछिमा बोली, "निकल जाओ यहाँ से! अभी इसी समय!"

गणेश ने अपने कन्धे पर हाथ लगाया—ख़ून-ही-ख़ून। बन्दूक़ उठाई गणेश ने और वहाँ से चल दिया।

लछिमा ने हरोआ को धीरे से सहारा देकर खड़ा किया और चारपाई पर जा लिटाया। बोली, "मैं अभी आती हूँ। बिगुलाल को बुला लाऊँ।"

अचानक उसका आँगन लोगों से भर गया। बिगुलाल की स्त्री, भिखारी की स्त्री, उसकी लड़की और अनेक बूढ़ी औरतों की भीड़ लग गई। भिखारी की स्त्री मरदों को बुलाने चली गई।

बिगुलाल की स्त्री ने कहा, "लछिमा, चलो, गाड़ी पर छाँव करें। हरोआ को तोहरी ले चलें।"

लछिमा हरोआ का सिर गोद में लेकर बैठ गई। गोली जाँघ में लगी है, पर हरोआ का चेहरा क्यों सफ़ेद पड़ता जा रहा है?

हरोआ ने क्षीण, मगर एकदम साफ़ स्वर में कहा, "लछिमा, मुझे तोहरी मत ले जाओ।"

"गोली को निकाल दिया जाएगा...। मौसी, जरा पंखे से हवा करो। सुराही से पानी ला दो! तुम अच्छे हो जाओगे जी, मैं...मैं भला किसके सहारे रहूँगी?"

"लछिमा, गोली मेरे पेड़ू में घुस गई है।"

"खून कैसे बन्द हो? पट्टी कहाँ बाँधूँ?"

"लछिमा...!"

"क्या कहते हो, बोलो?"

"मुझे लेकर फिकर मत करो अब।"

"नहीं, क्यों न करूँ?"

आँखें मूँदकर, हरोआ ने रुक-रुक कर कहा, "देह का पूरा खून नीचे उतर रहा है। तोहरी किसे ले जाओगी? लछिमा, बात सिंहभूम जिले की है। मालिक का नाम था सूरज सिंह। हम थे बेगारी पर उसके यहाँ। उसने सेवक-पट्टा भी लिखा लिया था। बहुत जुलुम होता था। एक दिन हमने मार डाला उसे। फिर इधर भाग आए। मेदिनी सिंह ने पेट में उँगली डालकर यही बात निकाल ली थी। और मरने से पहले उसने गणेश को यह बात बता दी। यही अधिकार था मुझ पर इनका। तुम पूछती थीं न कि तुम पर इनका क्या अधिकार है?"

"सब झूठ है। उनकी बदमाशी है। बात इतनी पुरानी है। वह तुम्हें पकड़वा देगा, इसी से तुम डरते थे न?"

"हाँ, लछिमा, इसी डर के मारे मरता था।"

"पहले क्यों नहीं बताया? पहले ही हम सब-कुछ छोड़-छाड़ के भाग जाते। लड़के-बच्चे तो थे नहीं, फिर हमें मोह किसका?"

हरोआ के मुँह से फिर बात न निकली। सिर्फ़ ख़ून निकलता रहा। आँगन में बहता रहा ख़ून। जितना ख़ून निकलता गया, हरोआ की देह भी जैसे उतनी ही सिकुड़ती गई। दुसाध, बिगुलाल के घरवाले, भंगी, ज़र-ख़रीद प्रजा—सभी आ खड़े हुए।

लछिमा बोली, "अब इसे तोहरी ले जाकर क्या होगा? बचेगा नहीं। फिर इसी घर में ही क्यों न रहे? इस घर को कितना प्यार करता था!"

भीड़ को ठेलकर आगे निकल आता है राँका दुसाध। बोलता है, "ऐसा क्यों कहते हो?"

लछिमा आहिस्ता से घाव से कपड़ा हटा देती है—जाँघ के मांस को पार कर पेड़ू तक सूराख हो गया था। लछिमा घाव को कपड़े से फिर ढक देती है।

शाम के लगभग हरोआ मर जाता है। लछिमा उसे लिये बैठी रहती है। आँगन में दीप जलता है। भोर होने पर लछिमा कहती है, "अब और नहीं रखूँगी इसे अपने पास।"

"कौन-कौन उठाएगा इसे?"

अचानक सबको याद आता है कि हरोआ ने उनके लिए जान तो दी है। लेकिन उसकी जाति क्या है, यह तो किसी को भी मालूम नहीं।

लछिमा ने कहा, "तुम सब लोग मिलकर उठाओ। कमरे में ले चलो। उसने कभी अपनी जाति तो बताई नहीं, मैंने भी कभी नहीं पूछा।"

"क्या कमरे में ही रखोगी उसे? लछिमा...!"

"नहीं, मैं पागल नहीं हुई हूँ। इस कमरे को वह बहुत प्यार करता था। जब मैं वहाँ रहती थी, तब वह यहाँ सोता था। गुलाल से कहकर और मेरी आज्ञा लेकर पेड़ लगाता था, कमरे की मरम्मत करता था। अब मैं यहाँ नहीं रह सकूँगी।" यह कहकर थोड़ा रुकी लछिमा। फिर शान्त स्वर में बोली, "अब मैं इस बाढ़ा में ही नहीं रहूँगी। बहुत...बहुत हो चुका।"

"कहाँ जाओगी?" बिगुलाल ने कहा, "हमारी टोली में चलो।"

धनपतिया ने कहा, "मेरे घर चल।"

लछिमा ने सिर हिलाया, "नहीं, नहीं। तुम लोग समझते नहीं। बहन भाग आई तो आज रामरूप भी गुस्से में है। मालिक-मालिक का गठबन्धन कल फिर से होगा। वे मुझे भला रहने देंगे यहाँ? मेरे कारण तुम्हारी टोली को ही जला डालेंगे। राँका के आदमी मेरे लिए एक झोंपड़ी खड़ी कर देंगे। अभय महतो एक परमिट बनवा देगा।"

"और तेरी जमीन?"

"नहीं मौसी, गणेश को पाला-पोसा था, उसी की बख्शीश में मिली थी जमीन गुलाल को।" पेड़ के तने से टिककर जैसे लछिमा किसी और के बारे में कह रही है। उसी तरह आज पहली बार उसने अपने वंचित, अपमानित जीवन की कहानी सबके सामने सुनाई।

"गुलाल ने मुझे बंधक रखा। और अपने लिए हर महीने की तनख्वा और जमीन का करार करवा लिया। मुझे पूछा तक नहीं। अब न गुलाल और न मेदिनी सिंह। सद्य:जात बच्चे को सीने से लगाकर पाला-पोसा। इसी की बख्शीश बाप जीवन-भर देता रहा। मोहरकरन की बात सोचो, मौसी? और उसी के लड़के ने, कल, पालने-पोसने का कर्ज एक गोली से चुका दिया। फिर जमीन क्यों रखूँ? अब पूरा हिसाब खत्म।"

लछिमा बोली, "छप्पर तोड़ दो। बेड़ा काट डालो। आँगन के सभी पेड़ काट दो और घर के बीच में ही सब-कुछ ऊँचे तक सजाओ और उसे उस पर लिटा दो। मौसी, पहले तुम लोग नहा लो। लो, नये कपड़े पहनाओ, बिगुलाल!"

कल की काटी लकड़ी का बोझा सभी के घर पड़ा ही हुआ था। सभी लोग लकड़ियाँ उठा लाए। अनजाने गोत्र और अनजानी जाति का हरोआ, जिसका सारा जीवन गुलामी में कटा, जो जन्मा ही दास था, राजा की तरह एक बहुत ऊँची चिता की सेज पर धू-धू करती आग में जल गया।

लछिमा को घेरकर उसकी बाँह पकड़कर सभी लोग उसे जंगल के उस पार ले जाते हैं। इस समय लछिमा उन सभी को बेहद प्रिय हो गई थी।

राँका के आदमियों ने ऊँची-सी जगह पर लछिमा के लिए झोंपड़ी खड़ी कर दी। लछिमा ने कहा, "राँका, यह पैसे ले लो। अगर गैबीनाथ में मिसिर देवता मिलें

तो उन्हें दे देना। सारी बात बता देना। वह हरोआ के नाम से पूजा-ऊजा कर देगा। वही किरिया हो जाएगी, बस।"

मिसिर सुनकर विह्वल हो उठा। धरती पर बैठ गया। थर-थर काँपने लगा। फिर बोला, "लछिमा से कहना कि मैं पूजा कर हरोआ की आत्मा की शान्ति करा दूँगा। रुपयों की जरूरत नहीं है।"

"रुपये न लेने पर उसे दुख होगा।"

मिसिर ने पैसे ले लिये। बोला, "यह भी कोई बात हुई? हरोआ ने क्या किया था, उसका रिकार्ड ही कहाँ था? फिर उसे कौन पकड़ता? हम लोग तो सोचते थे कि मेदिनी ने उससे सेवक का पट्टा लिखाकर खरीद लिया है। हरोआ को तो पता था कि सेवक का पट्टा नहीं है। फिर वह क्यों डरा?"

"पुलिस पकड़ेगी उसी खून के अपराध में।"

"बस, इसीलिए। इतने साल तक डर के मारे उनका दास बना रहा। हे परमेश्वर! यह कैसा अन्याय है! हाय रे लछिमा-हरोआ! यह सोचकर मन को कितनी शान्ति मिलती थी कि वे सुख-चैन से हैं।"

राँका ने बड़े आश्चर्य से मिसिर की ओर देखा, फिर कहा, "चलूँ देवता! अब तोहरी जाऊँगा।"

"लछिमा का ध्यान रखना, बेटा! मैं तो गरीब आदमी हूँ। कोई घर भी नहीं है मेरा। पेड़ के तले रहता हूँ। बीच-बीच में यात्रियों को पकड़ लाता हूँ। ठाकुर का प्रसाद मिल जाता है। घर होता तो उसे बुलाकर रहने को कहता। बेटी की तरह रहती।"

"मैं चलूँ फिर!"

राँका तोहरी पहुँचता है। अभय महतो को सारी बातें बताता है। सुनकर अभय को लगता है कि जैसे उसके गाल पर किसी ने थप्पड़ लगाया हो। क्योंकि राँका पूछता है कि गणेश सिंह को किससे पता चला कि हरोआ ने ऐसा कहा है?

"राँका, तुम थोड़ी देर बैठो।"

"क्यों?"

"जरा देर बैठो तो सही।"

अभय सीधा गया एस.डी.ओ. के पास। कचहरी शुरू होने वाली थी। एस.डी.ओ. व्यस्त थे, बेहद व्यस्त। फिर भी अभय ने उन्हें सारी बात बताई।

एस.डी.ओ. ने कहा, "मैंने उसे धमकाया था। बदजात ने दो और दो चार कर लिये। लेकिन इस घटना की कोई रिपोर्ट क्यों नहीं आई? उन्होंने अब तक रिपोर्ट क्यों नहीं दर्ज कराई?"

"अब दर्ज कराने पर आप कोई व्यवस्था करा सकते हैं?"

"अरे, देखा जाएगा। गणेश को किस तरह से फँसा सकें तो...। खैर, यह बताओ कि ये सारी बातें आपको किसने बताईं?"

"राँका दुसाध ने।"

"वह यहीं मौजूद है?"

"हाँ। लेता आऊँ?"

"बुला लाइए, जरा जल्दी।"

राँका एस.डी.ओ. के घर के बरामदे पर उकड़ूँ बैठ गया। सामने कचहरी है। लोग आ-जा रहे हैं। राँका ने क्रम से सारी घटना बता दी।

"उस समय तुम वहाँ मौजूद थे?"

"घटना के वक्त नहीं था। गणेश सिंह के चले जाने के तुरन्त बाद वहाँ पहुँचा था। हम सभी लोग पहुँचे थे।"

"क्या-क्या हुआ, बताओ तो?"

राँका पूरी घटना बयान करता है।

एस.डी.ओ. कहता है, "तुम बाहर जाकर बैठो।" फिर अभय से कहता है, "आप टिफिन टाइम में आएँ या शाम को।"

"शाम को ही आऊँगा।"

अभय अपने घर यानी संघ के दफ़्तर में मिले एक कमरे में स्टोव पर खाना बनाता है। राँका आज उसका अतिथि है। गांधी मिशन के कुएँ पर दोनों ने स्नान किया और होटल में भात खाया।

अभय ने कहा, "अब तुम मेरे साथ मत आओ। बातचीत करके मैं अकेले ही आऊँगा।"

राँका ने भात खाया। फिर एक पान ख़रीदकर खाया और बीड़ी सुलगाई। कुछ बातों में वह अभय से ज़्यादा समझदार है। अभय से कहने लगा, "हम दुसाधों की जमीन चन्दरभान सिंह और गजमोती सिंह ने छीन ली थी। टोले की जमीन

मेदिनी सिंह की थी। जमीन क्या थी, दीमकों के टीलों की कतारें थीं। हमने कितनी मेहनत से केरोसिन खरीदकर, गाँव-भर से सूखे पत्ते बटोरकर चार दिन तक आग जलाई। तब जाकर दीमकें मरीं। मेदिनी सिंह ने जमीन का एकमुश्त बीस रुपया लिया था। बस। खैर, जब जमीन चली गई तो हमें पता चला कि उसने गैरकानूनी ढंग से जमीन ली है। मेदिनी ने कहा, 'तुम लोग चले जाओ यहाँ से।' उस समय हम लोग थे और सिर्फ एक हाकिम था। तुम्हारा संघ भी नहीं था। हम लोगों ने कचहरी के पेशकार के आगे कई बार अर्जियाँ पेश कीं। हमने बहुत भाग-दौड़ की। कहा जाता, इतना रुपया लाओ, उतना रुपया लाओ। हमारे जैसे आदमियों का करीब एक सौ रुपया चला गया।"

"काम हुआ?"

"कुछ नहीं हुआ, मालिकों ने क्या कहा-सुना, बाद में पता चला। हमने जो कुछ कहा था, उस पर अदालत ने कहा कि वह जमीन के रिकार्ड खोजकर देखेगी कि हमारा हक बनता है या नहीं? बनता है तो कितना बनता है? हाकिम ने भी कहा, 'अदालत के सामने तो मालिक-प्रजा समान हैं।' मगर अदालत कानून के रास्ते पर चलती है।"

"उसके बाद?"

"अभी तक रिकार्ड की खोज जारी है। कुछ नहीं होने वाला। जो बन्दोबस्ती जमीन दी जाती है, उसका रिकार्ड जानते हैं, कहाँ रहता है जो अदालत देखेगी? पेशकार तो वही है। उसने तो उसी दिन साफ कह दिया था, 'अरे भाई, जरखरीद प्रजा को बेदखल करके ही मालिक जमीन लेता है। अदालत से उसका फैसला न हुआ है और न होगा। तुम लोगों के पीछे कोई विलासप्रसाद भी नहीं है।' "

"ओह, विलासप्रसाद!"

विलासप्रसाद इस शासन और समाज-व्यवस्था के ही अनपेक्षित परिणाम थे। वे भागलपुर के सरकारी वकील हैं। बिहार के ब्रिटिश-विरोधी संघर्ष में उनके परिवार की तीन पीढ़ियों से तीन लोग फाँसी पर चढ़कर शहीद हुए थे। मालिक नारायण मिश्र द्वारा बेदख़ल किये गए इक्कीस किसानों का केस लेकर बड़ी हिम्मत से उन्होंने किसानों के पक्ष में मुक़दमे का फ़ैसला करवाया। इस केस को हाथ में लेने से पहले उन्होंने सरकारी वकील का पद त्याग दिया था। साधारण वकील की

हैसियत से केस लड़ा था। नारायण मिश्र ने हाई कोर्ट में अपील की। पटना के रास्ते पर अज्ञात हत्यारों के हाथों विलासप्रसाद की हत्या हो गई। उन इक्कीस किसानों को घर क्या, गाँव छोड़कर भागने पर मजबूर कर दिया गया। अभय समझ गया कि पेशकार ने विलासप्रसाद का नाम लेकर राँका से मज़ाक किया है। वह समझ गया कि मामला काफ़ी पेचीदा है।

राँका बोला, "इतनी बात तुम्हें क्यों बताईं? क्योंकि तुम अच्छे आदमी हो। लेकिन तुम्हारी मदद करने वाला कोई नहीं है। हमारी बातें हाकिम से कहने से भी कोई लाभ नहीं। हाकिम क्या जवाब देंगे, मुझे मालूम है। पूछेंगे, 'सबूत कहाँ हैं? हरोआ कौन है?' वह मर गया है। 'लछिमा?' वह हरोआ की स्त्री है। हरोआ की गोली का घाव नहीं दिखाया जा सकेगा। गणेश सिंह अपने कन्धे का घाव दिखाएगा और हरोआ के नाम पर हजारों दोष मढ़ेगा।"

"देखेंगे।"

"गणेश के कन्धे पर लगा घाव ही हमारे लिए लाभ है। वैसे होगा कुछ भी नहीं। हरोआ ने वार किया था। खड़े होकर मारता तो बायाँ हाथ कन्धे से उतर जाता। अच्छा रहता। गोली खाकर भी उसने दाँत मारा। कितना जवान था! इतनी बड़ी देह थी। कन्धे पर भैंस का बच्चा उठाकर चला आता था। हमें बचाने में उसने अपनी जान दे दी।"

राँका चला गया।

एस.डी.ओ. ने शाम को अभय से सारी बातें सुनीं। राँका की तरह वह भी बोला, "सबूत कहाँ है? हरोआ मर गया है। गणेश सिंह अब अपना कन्धे का घाव दिखाएगा। पचासों बात कहेगा।"

"तो फिर?"

"एक बात अच्छी हुई कि गणेश ने खुद आकर कोई रिपोर्ट दर्ज नहीं कराई। एक काम कीजिए। हरोआ की स्त्री से एक रिपोर्ट थाने में दर्ज करवा दें। मैं दारोगा से कह दूँगा। एकदम गैरकानूनी काम कर रहा हूँ, मगर गणेश जैसे आदमी को थोड़ा पाठ पढ़ाने के लिए। इस रिपोर्ट पर प्राथमिक जाँच-पड़ताल में जाकर उसकी बन्दूक जब्त कर ली जाए। उसके पास लाइसेंस तो होगा नहीं। यही ठीक रहेगा।"

अभय ने कहा, "एक बात है।"

"क्या?"

"देखिए, उस समय आपसे मैंने बार-बार कहा था कि गणेश से कुछ कहना हो तो इस तरह कहिए कि उसे शक न हो कि यह बात किसने आपको बताई है। आपने शायद सही ढंग से बात की होगी, लेकिन उसने ठीक पकड़ लिया और उस आदमी को मार डाला। वह तो मर ही गया। उसे तो अब लौटाया नहीं जा सकेगा न!"

"सच बात है, एकदम सच।"

"ऐसी जगहों पर इसी तरह की समस्याएँ देखने में आती हैं। ऐसी जगहें बिहार में काफी हैं। मालिक-महाजन जमीन के मालिक हैं। यह बात सच है कि वे लोगों के घर जला डालते हैं, खून कर डालते हैं, लेकिन कानून से उन्हें कोई सजा नहीं मिलती। हरोआ की विधवा स्त्री से थाने में रिपोर्ट दर्ज करवा दूँ। दारोगा कैसा है?"

"वह भी एक ही बदमाश है।"

"मान लो, आपके डर से वह रिपोर्ट दर्ज कर लेता है। उसकी बन्दूक भी जब्त हो जाती है। मगर गाँव में और भी तो बन्दूकें हैं।"

"सभी बिना लाइसेंस की हैं?"

"शायद। वैसे मुझे पता नहीं। गणेश के पास कितनी बन्दूकें हैं, इसका भी किसे पता है? बन्दूक जब्त करते ही उसे पता चल जाएगा कि किसकी रिपोर्ट पर ऐसा हुआ है। उस समय भी उसने धमकी दी थी। अपनी धमकी को अमल में कर दिखाया। फिर वैसा ही करेगा। जंगल में आग लगा देगा। जंगल से लकड़ी बटोरकर आठ आना-रुपया कमाने का उनका रास्ता बन्द करके उन्हें अपने कदमों तले गिराने की कोशिश करेगा। मुझे तो डर लगता है।"

"कैसा डर?"

"अगर ये लोग मार खाते-खाते पलटकर खड़े हो गए तो? तब क्या होगा? डेढ़ सौ लोग एक साथ बिफर सकते हैं। उधर मालिक भी बिफर सकते हैं। तब तो बन्दूकें चलेंगी। सोचने से डर लगता है।"

एस.डी.ओ. ज़ोर से हँस पड़े। बोले, "अरे तब तो कानून-व्यवस्था टूट जाएगी और पुलिस के साथ मैं बीच में आ जाऊँगा। जिसने अन्याय किया है, उसे जरूर पकड़ूँगा।"

अभय सूखी हँसी हँसते हुए बोला, "हमने अभी तक यही देखा है कि कानून की व्यवस्था टूट जाने पर पुलिस गाँव में घुसती है तो पकड़े जाते हैं खेत-मजदूर। पुलिस मालिकों की हवेलियों पर पहरा देने लगती है।"

"नहीं, जरूरी नहीं कि हर जगह और हर समय ऐसा ही हो। जो हो, मैं लछिमा को नहीं लाऊँगा।"

एस.डी.ओ. जानता है कि ऐसा करने पर उसकी बदली हो जाएगी। पता नहीं क्यों, वह अभय की नज़रों में साबित करना चाहता है, 'देखिए, मेरी कथनी और करनी में फर्क नहीं है।' वह ऐसा क्यों चाहता है, कहा नहीं जा सकता। एस.डी.ओ. ख़ुद हरिजनों या खेत-मज़दूरों का पैरोकार नहीं है। मालिकों का विरोधी भी नहीं है। वह खेत-मज़दूर या मालिक, किसी का भी समर्थक या विरोधी नहीं है। वह प्रशासन-सरकार-प्रधानमंत्री-संविधान-क़ानून में सुधार के द्वारा देश की उन्नति वग़ैरा में पूरी तरह विश्वास रखता है। इस तरह के क़ानून पास होने पर उसे बेहद ख़ुशी होती है। तोहरी जैसी जगह में वह सोच नहीं पाता कि किसे बताए कि भारत में गणतंत्र सफल हो रहा है।

गणेश पर उसका क्रोध कई कारणों से है। जिस व्यक्ति के लिए काला अक्षर भैंस बराबर है, जिसकी मानसिकता बर्बर और मध्ययुगीन है, वही गणेश इतना धनवान है और फिर भी वह भारत की उन्नति की दौड़ में रोड़े की तरह अटक रहा है। अगर गणेश पढ़ा-लिखा, ट्रैक्टर चलाने वाला, अंग्रेज़ी बोलने वाला, आधुनिक और उन्नत तरीक़े से खेती करने वाला खेत-मालिक होता तो शायद इस एस.डी.ओ. के दिल में उसके प्रति विद्वेष नहीं होता। एस.डी.ओ. को मालूम है कि जागरूक ज़मींदार अपने किसानों का शोषण और बेदख़ली बड़े ही जागरूक और आधुनिक तरीक़ों से करते हैं। उस सूरत में उसे अभय की ख़ामोशी कोई अपराध नहीं लगती। वे लोग सभी कुछ क़ानून के घेरे में रहते हुए करते हैं। क़ानून ने ही जब मालिक-महाजनों के हाथों किसानों के शोषण और भूमि से उनकी बेदख़ली की पूरी व्यवस्था कर रखी है तो गणेश जैसे बर्बर लोग एस.डी.ओ. और थानों को ताक पर रखकर ख़ुद क्यों भगवान बनते हैं!

गणेश पर एस.डी.ओ. के क्रोध का एक और भी कारण है। गणेश का कहना है कि वह किसी एस.डी.ओ. को नहीं मानता। हालाँकि उसने खुल्लमखुल्ला ऐसा

नहीं कहा है। बाढ़ा में कैम्प लगाया जाए तो अच्छा रहे। मगर वहाँ गणेश सिंह है। उसने भंगी टोले को उजाड़ दिया है। अब गाँव में किसी के घर में पाख़ाना नहीं है। अब पाख़ाने के लिए खेत-मैदानों में जाया जाता है। वह आदमी नहीं, जानवर है।

एस.डी.ओ. के दिमाग़ में इसी तरह की बातें चक्कर काट रही हैं। हरोआ की दुखद मृत्यु के पीछे उसकी कोई नैतिक ज़िम्मेदारी बनती है, यह बात उसे अभय को देखकर ही याद आती है। वह बोला, "ठीक है।"

"क्या?"

"आप जो कुछ जानते हैं, लिखकर मुझे दे दें; या लिखकर लेते आएँ। केस दर्ज तो होना नहीं है। क्योंकि एक ओर वह दुष्ट है तो दूसरी ओर कमजोर विधवा। विधवा के पास केस लड़ने के लिए पैसा भी नहीं है। फिर वह उसे मार-वार भी सकता है।"

"मेरे लिखने से क्या होगा?"

"आप मुझे इसकी जानकारी दे रहे हैं। इसी आधार पर मैं खुद जाऊँगा और उसकी बन्दूक जब्त कर लूँगा। पूरी जाँच करूँगा। घर में नजरबन्दी के आदेश निकाल दूँगा। बाहर पुलिस बिठा दूँगा या मुचलका लिखवा लूँगा। केस होगा ही। अगर सरकार की तरफ से केस नहीं भी हो तो आपमें और उसमें ही हो जाए।"

"सरकार की तरफ से ही हो तो अच्छा रहे।"

"देखेंगे। शायद बन्दूक जब्त की जा सके। हाँ, यही अच्छा होगा। रिपोर्ट दुसाधों की नहीं, औरों की भी नहीं, विधवा की भी नहीं, बल्कि आप एक ऐसे आदमी हैं जो उनका भला चाहते हैं। आप न्याय चाहते हैं। बड़ा अजीब केस है। मगर जो हो, मैं लड़ जाऊँगा।"

"तो लिख लाऊँ?"

"यहीं बैठकर लिख लें।"

"एक कापी रख लूँ अपने पास?"

"जरूर।"

"मैं हिन्दी में लिखूँगा।"

"उसी में लिखिए। राष्ट्रभाषा है। हिन्दी में ही ठीक है।"

रिपोर्ट लिखने के बाद अभय ने कहा, "मगर देखिएगा, उस विधवा और दुसाधों वगैरह पर जुल्म न होने पाए।"

"निश्चय ही ऐसा होगा। वचन देता हूँ।"

"कानून-व्यवस्था का मामला खड़ा होने पर न्याय होना चाहिए।"

"जरूर।"

अभय ने लौटकर सारी बातें चम्पावती को बताईं। बुढ़िया चम्पावती ने समझदारी से कहा, "बेटा, जनमत तैयार करो। रिपोर्ट की कापी मुझे दे दो, मैं अंग्रेजी में अनुवाद करके किसी मंत्री-वंत्री या अखबार वालों को भेज देती हूँ।"

"अच्छा माताजी!"

तोहरी का स्टेशन मास्टर आजकल रेलवे यूनियन में काम करने का अच्छा फल भोग रहा है। उसकी उम्र कम है। सोशलिस्ट पार्टी का हमदर्द है। वह अभय से बोला, "इस चरखा-मिशन और पाखंडी संघ से इस तरह के काम नहीं हो सकेंगे। किसी शक्तिशाली राजनीतिक पार्टी की मदद लेना जरूरी है। यूनियन की जरूरत है।"

"मास्टर साहब, ऐसे दीन-दुखियों के लिए न तो कोई पार्टी है, न कोई यूनियन। इनकी पीठ पर अगर कोई होता तो हमारे बिहार में इतने किसान क्यों मरते, क्यों बेदखल होते?"

"क्या करें, एजूकेशन नहीं है न?"

"लिखाई-पढ़ाई?"

"अरे, सरकारी स्कूलों में भी तो नहीं भेजते वे अपने लड़के-बच्चों को।"

"उनके मालिक उन्हें ऐसा नहीं करने देते। फिर लड़के तो आठ साल की उम्र से ही गाय चराने लगते हैं, पढ़ने कब जाएँ?"

विषय में प्रश्नकर्ता की रुचि कुछ ही क्षणों में ख़त्म हो जाती है, शायद रुचि थी ही नहीं। उसने कहा, "बाढ़ा गाँव में अछूतों के बारे में तो आप सोच ही रहे हैं। हमारे रेलवे कुलियों, लाइन की मरम्मत करने वाले कुलियों को भी देख आएँ। उन्होंने आपको निमंत्रण दिया है। हमें तो बुलाते नहीं।"

"मैं अछूत हूँ ना।"

अभय हँसता है और चला जाता है। बाढ़ा गाँव की घटनाएँ उसके दिल को दर्द में डुबोए रखती हैं। स्टेशन मास्टर के काफ़ी हल्के गले से निकली बातें रात को खाट पर लेटे-लेटे याद आती हैं। राँका वग़ैरा के मामले में उसे वाक़ई रुचि लेनी चाहिए। किसी राजनीतिक पार्टी का समर्थन उन्हें मिलना चाहिए। यूनियन की

भी ज़रूरत है। मगर जिन राजनीतिक पार्टियों ने सर्वहारा को मुक्त करने की घोषणा की है, वे भी तो जुल्म के शिकार और अपमानित किसानों, जाति-पाँति की मार से मरे हरिजनों के बारे में कोई रुचि नहीं लेतीं। साल-भर में कितने लोग सर्वहारा वर्ग में शामिल होते जा रहे हैं? उन्हें लेकर कौन संगठन बनाएगा? अभय तो साधारण आदमी है, उसमें इतनी क्षमता कहाँ? भारत की जनता के लिए ही जब सब-कुछ है तो फिर क्या ये लोग भारत की जनता में शामिल नहीं हैं? चुनाव के वक़्त रुपया देने वाले गणेश जैसे लोग सरकार के लिए बेहद काम के आदमी हैं। गणेश जैसे लोग राजनीतिक पार्टियों के लिए भी आवश्यक हैं। इसी वजह से राँका वग़ैरा को किसी की मदद नहीं मिलती।

एस.डी.ओ. की समझ दूसरे ही क़िस्म की है। वह बात करता हुआ कहता है, "कानून ने उन्हें जितना कुछ दिया, लेकिन वे उतना भी माँगना ही नहीं जानते। और आप कहेंगे कि कानून लागू ही नहीं किया जाता। अगर वे दबाव डालना जानते तो कानून लागू हो जाता। मैं इंडस्ट्रियल अफसर का बेटा हूँ, शौक से सरकारी क्षेत्र में आया हूँ। इंडस्ट्रियल मजदूर अपनी माँगें मंजूर करवाने के लिए दबाव डालते हैं।"

"कुछ मिलता है उन्हें?"

"कुछ मिल पाता है, कुछ नहीं। बाढ़ा जैसे गाँवों में अभी मध्य युग ही चल रहा है। कानून और व्यवस्था को लेकर अगर कोई घटना हो भी जाए तो बाढ़ा वर्तमान युग में पहुँचेगा। इससे समस्या हल भी नहीं होगी।"

अभय सोचता है, शायद बाढ़ा का भाग्य यही है। इतने दिनों तक एकतरफ़ा अत्याचार चलता रहा है और अत्याचारियों ने इसे ही शाश्वत मान लिया है। क्या करें? पीठ पर कोई दल, कोई संगठन, कोई सरकार, कोई सहारा भी नहीं। अभय जो कुछ कर रहा है, वह भी संघ के जन्मदाताओं के विचार से राजनीतिक कार्रवाई है। अभय जानता है कि वह कितना अकेला, कितना अक्षम है। शायद बाढ़ा का भाग्य भी यही है। मार खाते-खाते शायद एक दिन पलटकर वे प्रतिरोध भी करें। शायद मार-पीट भी करें। तब एस.डी.ओ. के शब्दों में क़ानून-व्यवस्था टूट जाएगी। पुलिस आएगी, राँका वग़ैरा को पकड़ेगी, गणेश जैसे लोगों को सुरक्षा प्रदान करेगी, भूमिहीन खेत-मज़दूरों की तादाद बढ़ेगी, बाढ़ा बीसवीं सदी में पहुँच जाएगा। बही में जमा में गिना जाएगा सिर्फ़ गणेश के कन्धे का घाव।

अचानक अभय ने निर्णय ले लिया। इतना क्या सोचना? अगर उन्हें सिर्फ़ बेदख़ल ही किया जाता है तो अभय उनके साथ चलेगा। पूरे जी-जान से कोशिश करेगा कि उसकी जान-पहचान के लोग इस विषय में रुचि लें। उनके साथ ज़िन्दा रहने की कोशिश करेगा। वही होंगे, अभय की यूनियन या पार्टी या संघ-मिशन के काम।

अगर वह गिरफ़्तार हो गया तो? कुछ भी हो, अभय केस लड़ेगा। अदालत में गवाह के कठघरे में डेढ़ सौ लोगों को ला खड़ा करेगा।

अभय को कुछ ही क्षणों में नींद आ गई। एस.डी.ओ. ने तो कह ही रखा है कि वह गणेश को सीख देगा। मुद्दई है अभय। वे लोग तो बीच में कहीं नहीं हैं।

एस.डी.ओ. की जीप गणेश के मकान के सामने जैसे ही आकर खड़ी हुई, रामरूप और नाथू जल्दी से दौड़े आए। हाकिम! एस.डी.ओ. ने निहायत ही नपे-तुले शब्दों में उन्हें डाँटकर हटा दिया। नाथू और रामरूप जानबूझकर घर के भीतर नहीं गए।

पुतली ने कह दिया था, "मुझे मारो, काटो या जो जी चाहे करो, लेकिन मैं वहाँ वापस नहीं जाऊँगी। कदापि नहीं जाऊँगी। गई तो वह जान से मार डालेगा। तुम दोनों ही मारो। चाहे मुझे या मेरी लड़की को।"

पुतली का कहना है, "गणेश इनसान नहीं है अब, पागल जानवर बन गया है।" नाथू, रामरूप, चन्द्रभान, सागर—सभी ज़मीन-मालिक इस बात को स्वीकार करते हैं। गणेश की ज़रख़रीद प्रजा का चले जाना, हरोआ की मौत, लछिमा का गाँव छोड़कर चले जाना ऐसे मुद्दे थे जिन पर वे इकट्ठे होकर बातचीत करना चाहते थे।

गणेश ने खुलेआम कहा है, "नौकरानी की औलादो, कुत्तो! इन कमीनों को तुम लोगों ने ही मुँह लगाकर सिर चढ़ाया है। निकलो इस घर से, वरना सबको हरोआ बना दूँगा। मेरे पास बन्दूक भी है, गोली भी।"

अपने कानों से ऐसी बातें सुनकर कौन जाएगा उसके पास? गणेश उन्मत्त घायल बाघ बन चुका है। उस दिन अपने बँधुआ किसान गोपाल को पकड़कर ले गया था। बाद में गोपाल भी भाग गया। वह नाथू के घर में कह गया कि 'कन्धा ठीक होने पर गणेश तुम्हें भी मारने आएगा।'

फिर भी ससुर और साले की हैसियत से नाथू और रामरूप आगे आए थे। एस.डी.ओ. की डाँट सुनकर दोनों पीछे हट गए। उन्हें लौट जाने का मौक़ा मिल गया।

पुतली ने कहा, "ठीक है। उसे जेल में रखने से ही इधर शान्ति होगी, अन्यथा वह मुझे मार डालेगा।"

नाथू ने कहा, "रामरूप, तू अपनी माँ और बहन को लेकर डाल्टनगंज चला जा। उन्हें ममहर में छोड़ आ।"

"आप ही चले जाएँ। गणेश इस घर में घुसा तो क्या मेरे पास बन्दूक नहीं है?"

एस.डी.ओ. की चिल्लाचिल्ली पर गणेश बाहर निकल आया। उसके बाहर निकलते ही चार पुलिस वाले घर में घुस गए और भीतर से उसकी बन्दूक निकालकर ले आए। गणेश नंगे बदन था। काले बालों से भरी पुष्ट देह। बग़ल से लिपटती हुई पट्टी बाएँ कन्धे पर बँधी थी। गणेश ने शुरू में तो बढ़े-चढ़े स्वर में बात की। लाइसेंस दिखलाने की बात सुनकर हँसा। फिर बोला, "हाकिम साहब, मैं लाइसेंस फीस नहीं देता, चुनाव में रुपया देता हूँ। पूरे पचास हजार दे चुका हूँ। तीन चुनावों में मैंने कुल मिलाकर पचास हजार दिये हैं।"

"जिन्हें रुपया दिया हैं, उनसे ही बात कीजिए।"

"बन्दूक क्यों जब्त कर रहे हैं?"

"लाइसेंस नहीं है, इसलिए।"

सहसा गणेश गरज उटा। बन्दूक ही उसकी संगिनी है, दोस्त है, आसरा है। बोला, "उस हरामी अभय महतो की बात पर मेरी बन्दूक जब्त कर रहे हैं? एक जरखरीद को मैंने मारा है, बस, इसलिए?"

"जन्म से बँधुआ मजदूर जैसी कोई चीज कानून नहीं मानता। यह देखिए तलाशी का वारंट! इसी के बल पर घर की तलाशी ली है, बन्दूक जब्त की है।"

"कानून? कानून हमारी खातिर है। मैं जरखरीद गुलाम रखूँगा—कानून इसे माने या न माने।"

"चलता हूँ। किसी भी तरह की गड़बड़ी की खबर मिली," एस.डी.ओ. ने घुड़की दी, "तो उसी दिन से यहाँ कैम्प लगवा दूँगा। पूरी जाँच करूँगा। अभय महतो के अभियोग की मैं खुद जाँच करूँगा।"

"नहीं, बन्दूक के बिना मैं नहीं रह सकूँगा। बन्दूक और गोली। अभी कई लाशें गिरानी बाकी हैं।"

एस.डी.ओ. ने दो पुलिस वालों को वहीं तैनात कर दिया। बोला, "घर से बाहर कदम न रखें।"

जीप पर चढ़कर खुशी-भरे चेहरे से एस.डी.ओ. बोला, "मुझे आपने धमकी दी है। कल वारंट लाकर आपकी गिरफ्तारी लूँगा। आज बन्दूक ले जा रहा हूँ।"

फिर उसने पुलिस वालों से कहा, "रात के आठ बजे रिलीफ आएगी।"

"नहीं हुजूर, सवेरे भेज दीजिएगा।"

"आदमी बदमाश है, सावधान रहना।"

"नहीं हुजूर, जितना बिफर रहा है, उतना करने की ताकत इसमें नहीं है। कन्धे का जख्म देखिए। बायाँ हाथ नीचे झूल रहा है।"

गणेश चीख़-चीख़कर एस.डी.ओ. को माँ-बाप की गाली देता रहा। चरम-चरम अपमान है यह उसका। कहने लगा, "अभय महतो! उसे कहाँ से पता चला? हमारे लोगों ने ही तो बताया होगा।"

यह सुनकर एक पुलिस वाला बन्दूक तानकर बोला, "बस, बस। भीतर चले जाइए और चुप होकर बैठिए।"

बन्दूक का मुँह गणेश की ओर करते हुए सिपाही ने उसे धमकाया और अपने संगी से बोला, "लालटेन जला लेना अँधेरा होने पर।" बन्दूक़ ताने हुए ही उसने घर के चारों तरफ़ का जायजा लिया।

गणेश ने घर में घुसकर दरवाज़ा बन्द कर लिया। चारों ओर निस्तब्धता छाई थी। उसके मज़दूर-किसानों ने गायों-भैंसों को खूँटों से खोलकर हाँक दिया है। कन्धे के घाव ने सर्वनाश कर दिया है। गणेश बन्दूक़ नहीं चला सकता। फिर वह पास भी न रही। पुतली को मारना है, नाथू को, रामरूप को, अछूतों को—सभी को मारना है। फिर नई प्रजा लाकर बसाऊँगा! एक बार क्यों, दस बार शादी करूँगा। लछिमा कैसे उनके साथ चली गई अपनी ज़मीन छोड़कर? कमीने हैं, कमीने हैं ये सब! अचानक आग लगाने का ख़याल आते ही उठा। बदला लेने का रास्ता दिखाई पड़ गया।

केरोसिन, दियासलाई, बस।

रात होने पर।

रात हुई। घर-घर में गणेश की ही चर्चा चल रही है। गजमोती सिंह बोला, "चन्द जवान लोग घर का छप्पर फाड़कर भीतर कूद जाएँ और उसे पकड़कर

बाँध दें। उसे गरमी चढ़ गई है। सिर मुड़ाकर खोपड़ी पर खूब पानी डालकर वैद्य जी का तेल मलने से अच्छा हो जाएगा।"

उसके लड़के सागर सिंह ने मरदाने स्वर में बाप से कहा, "अब उसके बारे में सोचने की जरूरत नहीं। सभी को गाली दी है उसने। मैं नाथू या रामरूप नहीं हूँ। मैं नहीं सहन कर सकता। मैं राजपूत हूँ। उसे रास्ते पर लाकर ही छोड़ूँगा।"

चन्द्रभान बोला, "यह जो भी हुआ, उसने हमें दुश्मन बना दिया। उसका समय अभी खराब जा रहा है। वरना मिसिर क्यों चला जाता? कुछ भी हो, गणेश ने जैसी गाली हमें दी है, उसे माफ नहीं किया जा सकता।"

रामरूप ने अपने बाप से कहा, "आप जाइए। मैं यहीं रहूँगा और देख लूँगा कि कौन नौकरानी की औलाद है! गणेश ने साँप की पूँछ पर पैर रखा है। मैं उसे नहीं छोड़ूँगा। अब उसके पास बन्दूक ही कहाँ है? बहन की बात बीच में मत उठाएँ। विधवा होने पर पुतली ज्यादा सुखी रहेगी। माँ कहती है, 'हाल ही में बच्चे को भी मारने जा रहा था।' पुतली की देह तो काले दागों, नोच-खसोट के दागों, लोहे की सींक से जले दागों से भरी पड़ी है।"

नाथू गहरी साँस लेकर बोला, "सरकार सजा देगी। क्या वह किसी छोटी जाति का है? अपनी ही जाति का है, अपना जँवाई है। तुम्हारी तरह जमीन-मालिक है। उसके खून से हाथ काले मत करना। लड़का नहीं हुआ, इसी वजह से पुतली को...।"

"आपके यहाँ भी तो पहले लड़कियाँ ही हुई थीं। उसके बाद मैं पैदा हुआ था और आखिर में पुतली। पहले लड़का नहीं हुआ तो क्या आपने भी माँ को ऐसे ही मारा था?"

इस तरह गणेश के मामले को लेकर बाढ़ा गाँव की मानसिकता में आधुनिकता का प्रवेश हुआ। नाथू और गजमोती सिंह के लड़कों ने बाप की बात ठुकरा दी, पुतली ने अपने पति को छोड़ दिया, पुतली की माँ अपनी लड़की को उसके पति के यहाँ वापस भेजने को राज़ी नहीं हुई और उसने अपने पति और लड़के को धमकी दे डाली, "लड़की, नातिन और मैं एक साथ कुएँ में कूद पड़ेंगे।"

हताश होकर नाथू बोला, "गणेश, यह तूने क्या किया!"

उसे बार-बार लगता था कि गणेश का पकड़ा जाना सभी मालिकों की हार मानी जाएगी। जन्म से ग़ुलाम की तो मालिक हत्या करते ही हैं, मगर पकड़े तो

नहीं जाते। क्या होने जा रहा है? मालिकों का जीवन और अस्तित्व ही ख़तरे में पड़ गया है। रामरूप तो अभी बच्चा है। वह समझता नहीं है। कुछ भी हो, गणेश उनका स्वजन है।

उधर राँका के साथ छह-सात आदमी जंगल में जाग-जागकर पहरा दे रहे हैं। उनके पास बन्दूक़ नहीं है, पर गणेश के पास भी तो नहीं है। गणेश के रहते रात को पहरा छोड़ देना सम्भव नहीं। यह एक भीषण लड़ाई है—राँका जैसे लोगों के अधिकार की लड़ाई। गणेश तो उन्हें बरबाद करेगा ही। लेकिन राँका वग़ैरा ऐसा नहीं होने देंगे। धुँधले चाँद की रोशनी में जंगल नैसर्गिक सुन्दरता में डूबा है। राँका और उसके आदमी पूरी तरह से सचेत हैं। गणेश अभी ज़ख़्मी पागल जानवर है। हिंसक और धूर्त।

ठीक जानवर की ही तरह, एक बड़े आदिम जन्तु की भाँति गणेश अपने घर में से निकलता है। पुलिस वाले जान ही न सके कि गणेश कब चुपके से खिड़की से बाहर निकल गया। केरोसिन तेल का टिन, गूदड़ और दियासलाई लेकर। जंगल में आग। जंगल तो जलेगा ही इसके बाद।

जानवर की तरह ही वह आया। देह में असीम शक्ति है। इसीलिए सारा सामान एक़ ही हाथ से उठाकर लाया है। शिकारी की भाँति जानवर पर नज़र पड़ते ही कोई बोल उठा, "राँका...वो...वो आ रहा है।"

"ह र्र र्र र्र र्र र्र," चिल्लाते हुए वे दौड़ पड़े। गणेश इसके लिए तैयार नहीं था। उनकी उठी हुई लाठियों को देखकर उसे ऐसा लगा कि जैसे उन सबके हाथों में बन्दूक़ें हैं। गणेश ने टिन और गूदड़ ज़ोर से फेंक मारा उनकी ओर।

राँका ने कहा, "देखो, मिट्टी का तेल लाया है।"

अब उसे और माफ़ नहीं किया जा सकता। जमा हुआ क्रोध भयानक चीत्कार में बदल गया और वे तेज़ी से आगे बढ़े। गणेश दौड़ता रहा, वे भी दौड़ते रहे। जंगल में कोने की तरफ़ भागा गणेश। अँधेरे में ग़ायब हो गया। वे कहते ही रह गए, "कहाँ गया? कहाँ गया, भाग गया? जंगल में घुस गया? रतनी और रूपा! तुम सामने की तरफ जमे रहो। मैदान में से भागते देखो तो मार गिराना। हम जंगल में घुसकर देखते हैं।"

वे जंगल में घुस गए। गणेश जाने कौन-से अजीब संकेत पर, हाँफते हुए

लछिमा के घर के सामने जा पहुँचा। दूर पर बनी नई झोंपड़ी के सामने। कुंडी खोल दी गणेश ने।

लछिमा उठ बैठी। खड़ी हो गई। उसे जल्दी नींद नहीं आती। सामने गणेश खड़ा है। उसके कपड़ों से केरोसिन की गन्ध आ रही है।

"छोटे मालिक!"

गणेश ने सिर हिलाया। बोला, "वे लोग पीछा कर रहे हैं।"

"केरोसिन की गन्ध? टिन लाए थे क्या? आग लगाई है? जंगल में आग लगा दी है?"

"नहीं, नहीं, नहीं।"

गणेश ने लछिमा के मुँह पर अपना हाथ रख दिया। उसके चेहरे से धूर्तता बरस रही थी। उसने कहा, "टिन फेंककर भागा हूँ। वे लोग जंगल में घुसे हैं। मुझे तलाश कर रहे हैं।"

"अब?"

"तू मुझे थोड़ी दूर तक पहुँचा दे। घर चला जाऊँगा।"

"तुम्हें पहुँचा देने पर क्या ये लोग मुझे यहाँ रहने देंगे?"

गणेश ने पहली बार लछिमा को 'तू' कहकर सम्बोधित किया था। बोला, "तू यहाँ क्यों रहेगी? जहाँ पहले थी, वहीं रहेगी। चल मेरे साथ। पक्का मकान, अच्छा खाना। बहू को तो अब लाऊँगा नहीं। एक शादी और कर लूँगा?"

एकटक देखती रही लछिमा उसकी ओर। उसके बाद बोली, "आओ, बैठो।"

टोहकर हरोआ की कटार उसने निकाल ली।

"वह क्या उठा लिया हाथ में?"

"इसे हाथ में रखना जरूरी है। तभी मैं तुझे बचा सकूँगी।"

"हाँ, हाँ। अरे तेरे घर में रहने से, तुझे दिखा पाने से, उस हाकिम के मुँह पर भी तो जूती पड़ेगी न?"

"फिर सब ठीक हो जाएगा?"

"काहे नहीं ठीक होगा?"

लछिमा के दिमाग़ में अचानक विस्फोट-सा हुआ। विस्फोट ने लछिमा को पक्का इरादा दिया। अचानक वह हिंस्र हो उठी। लछिमा ने कहा, "मेरे अलावा

अब तुम्हें कोई नहीं बचा सकता। आज मैं तुम्हें एक बार फिर बचाऊँगी। लेकिन गणेश सिंह, तुम्हारे कहने के मुताबिक नहीं। अपना काम मैं अपने तरीके से करूँगी।"

"तू क्या...?"

लछिमा ने उसकी ओर कटार साधकर कर्णभेदी चीत्कार से रात के आकाश को चीर दिया। "कहाँ हो? दौड़ो! गणेश सिंह जंगल में आग लगाने आया है। मेरे घर में छिपा है। कहाँ हो? दौड़ो, गणेश सिंह मेरे घर में है। कहाँ हो?"

जो सोए थे, वे भी जाग गए। जो जंगल में घुसे थे, उन्होंने भी जवाब में हाँक लगाई। धीरे-धीरे एक-दूसरे को पुकारने की आवाज़ें जहाँ-तहाँ सुनाई पड़ने लगीं। कोलाहल मच गया। उसके बाद उनकी चीत्कार 'हर्र र्र र्र र्र र्र र्र' आकाश की ओर आग की लपटों की तरह बिफर उठी। शोर जंगल की आग की तरह फैल गया। हथियारबन्द लोगों के गले की चीत्कारें ज्वार की तरह चारों ओर ऊपर उठीं और फिर किनारों से टकराने लगीं। लछिमा दरवाजे से हट गई और उनके बीच अदृश्य हो गई।